Bore

COMMENTAIRE

SUR

LA LOI DES ALIÉNÉS.

Du 30 Juin 1838.

Louis-Philippe, etc. (1) :

TITRE Ier. — *Des établissements d'aliénés.*

Art. 1er. Chaque département est tenu d'avoir un établissement public, spécialement destiné à recevoir et soigner les aliénés, ou de traiter, à cet effet, avec un établissement public ou privé,

(1) A une époque où les sentiments d'une philanthropie éclairée exercent une si grande influence, où tant d'infortunes et de misères diverses ont été soulagées, la position la plus affligeante peut-être n'avait point encore été l'objet de mesures spéciales et n'avait eu aucune part aux bienfaits si généralement répandus sur les infirmités humaines. Les malheureux frappés de cette terrible maladie que l'on nomme aliénation mentale étaient presque hors la loi commune. On prenait des précautions pour protéger les individus et l'ordre public contre leur fureur ; mais souvent ces précautions avaient pour résultat d'aggraver la position des aliénés ; aucune règle fixe n'était établie, aucune base légale n'était posée, tout était en cette matière confusion et arbitraire. La santé publique n'était point suffisamment garantie, la liberté individuelle pouvait être compromise, et les soins convenables n'étaient point offerts aux malades.

Les médecins, les publicistes, les magistrats, les philanthropes, envisageant chacun sous un point de vue différent ce fait social, se sont réunis pour demander à la législation les mesures qu'il rendait nécessaires.

Le Gouvernement a entendu l'appel qui lui a été fait. Mais, il faut l'avouer, ce n'était pas chose facile à trouver qu'un remède convenable pour un mal si ancien et si grave. Aussi, le premier projet présenté par le Gouvernement était-il loin d'atteindre le but.

« Le projet de loi, disait M. Vivien dans son rapport, tel que le Gouvernement l'avait présenté dans l'origine, ne contenait que des dispositions de police et de finances.

« La Commission, en ajoutant quelques mesures administratives, avait développé le germe contenu dans la proposition première.

« La Chambre posa un principe nouveau et fécond en ordonnant, par l'art. 1er, que tout département serait tenu de recevoir et de soigner les aliénés, soit par l'ouverture d'un établissement public départemental, soit à l'aide d'un traité passé avec tout autre établissement public ou privé.

« Cette seule disposition a imprimé à la loi le caractère d'une loi de bienfaisance et de charité publique. En plaçant les secours à donner aux aliénés au rang des dépenses ordinaires des départements, auxquelles il est pourvu à l'aide des centimes votés par la loi des finances, elle les a élevés au rang des dépenses générales de l'État, placés sous l'autorité du Gouvernement et dans le vote des Chambres ; elle les a assurés dans le présent et consacrés dans l'avenir. L'humanité applaudit à une mesure en vertu de laquelle l'État interviendra pour secourir les malheureux atteints par cette fatale maladie qui détruit la liberté morale, livre l'homme à

soit de ce département, soit d'un autre département.

Les traités passés avec les établissements publics ou privés devront être

---

tout le désordre des instincts matériels, et expose la société aux plus imminents périls.

« Au surplus, je le répète, on ne doit pas s'étonner si d'abord le projet n'avait pas compris tout ce qu'il devait embrasser, et n'avait pas complétement satisfait à tous les besoins. Le discours de présentation de M. le Ministre de l'Intérieur révèle tous les obstacles que les rédacteurs d'une loi sur pareille matière ont rencontrés et dû surmonter.

« Ici, disait M. le Ministre, la législation se tait, les règles manquent, les opinions divergent, des mesures contraires sont adoptées dans les différentes localités, les autorités sont incertaines....

« La législation antérieure à 1789 est muette.

« On ne songeait alors qu'aux dangers dont l'insensé furieux pouvait menacer la sûreté publique; on ne s'était point occupé de la protection qui était due au malheur dans la personne de l'aliéné, et des conditions nécessaires à son traitement; il faut peu s'en étonner; l'art lui-même, en ce qui concerne ce traitement, était encore très-imparfait; l'hospice était pour l'aliéné une prison, lorsqu'il n'était pas confondu dans les prisons ordinaires avec les criminels.

« L'erreur ou l'oubli de l'ancienne législation s'est prolongé jusqu'à nos jours. L'art. 9 de la loi du 16—26 mars 1790 n'est qu'une disposition temporaire relative *aux personnes alors détenues pour cause de démence.*

« L'art. 3 du tit. 11 de la loi du 16—24 août 1790 comprend, au nombre des objets de police confiés à la vigilance et à l'autorité de l'administration, *le soin d'obvier ou de remédier aux événements fâcheux qui pourraient être occasionnés par les insensés ou les furieux laissés en liberté.*

« L'art. 15 de la loi du 19—22 juillet 1791 établit des peines contre *ceux qui laisseront divaguer des insensés ou furieux*, sans indiquer les moyens de prévenir ces divagations.

« Le Code civil, par ses art. 489 à 512, et le Code de procédure civile, par ses art. 890 à 897, ont déterminé les règles et les formes de l'interdiction, mais ne se sont occupés que de l'interdiction seule et de ses effets....

« Les art. 117 et suivants du décret du 18 juin 1811 règlent le tarif des frais de cette procédure, ainsi que le mode de recouvrement.

« Le Code pénal renferme deux ordres de dispositions qui ont un rapport plus ou moins direct à cette matière.

« Les unes sont des dispositions générales relatives à la protection de la liberté individuelle. Ainsi, les art. 114 à 122 et 186 répriment les atteintes qui seraient portées à cette liberté par les fonctionnaires publics. Les art. 341 à 343 répriment celles qui lui seraient portées par de simples particuliers.

« Les autres sont spéciales et renouvellent les peines portées contre ceux qui auraient laissé divaguer des fous ou des furieux étant sous leur garde, et ceux qui auraient occasionné la mort ou la blessure des animaux ou bestiaux appartenant à autrui, par l'effet de la divagation des fous, des furieux (art. 475, n° 7; 479, n° 2). Elles se taisent sur les cas dans lesquels cette divagation aurait occasionné un homicide, des blessures aux hommes, des incendies, etc.

« Il est essentiel de remarquer, dès ce moment, que, par une antinomie frappante, d'une part les lois des 24 août 1790 et 22 juillet 1791, les art. 475 et 479 du Code pénal admettent et supposent que la divagation de tout insensé, fou ou furieux, devra être prévenue, ou qu'il y sera porté remède dès qu'elle deviendra dangereuse; et que, d'une autre part, les art. 489 et suiv. du Code civil n'autorisent l'interdiction, et par suite les mesures de sûreté indiquées en l'art. 510, que pour le majeur qui est dans un état habituel d'imbécillité, de démence ou de fureur.

« La dernière loi de finances (loi du 18 juillet 1836) complète cette législation par son art. 6, portant « que les dépenses pour les « aliénés indigents sont assimilées, pour 1837, « aux dépenses variables départementales, « sans préjudice du concours de la Com« mune du domicile de l'aliéné et des hos« pices. » Mais, en fixant cette base pour 1837, elle exige pour l'avenir l'adoption d'une règle définitive.

« Aucune de nos lois n'a donc réglé ni de quelle manière il serait pourvu aux mesures que nécessitent les aliénés qui ne sont pas interdits, ni quels seraient les établissements dans lesquels ils seraient recueillis, ni comment il serait pourvu aux frais pour ceux qui sont indigents. »

Tout était donc à créer. Il fallait que la législation qu'on allait édifier protégeât en même temps la société et l'aliéné; surtout elle devait tendre à l'adoucissement de son

approuvés par le Ministre de l'Intérieur (1).

2. Les établissements publics consacrés aux aliénés sont placés sous

---

infortune et à sa guérison complète. Le projet originaire offrait en partie ces résultats. Il avait trois objets principaux : l'isolement des aliénés, les établissements où ils seraient recueillis et les dépenses de leur entretien.

La Chambre des Députés changea l'ordre de ces dispositions. Elle pensa que la loi ayant principalement pour objet les mesures qui concernent la personne des aliénés et les formes selon lesquelles ils peuvent être placés dans les établissements qui leur sont destinés, il convenait de s'occuper d'abord de ces établissements. Elle s'attacha ensuite aux formes suivant lesquelles les aliénés y sont reçus, distinguant entre le cas où le placement est fait par les familles elles-mêmes, dans l'intérêt de leurs affections ou de leur sécurité, et celui où il est présenté par l'administration.

Elle introduisit enfin quelques dispositions nouvelles relatives à tous les aliénés, et concernant leurs droits civils, leurs intérêts matériels.

Les discussions auxquelles le projet a depuis été soumis, soit à la Chambre des Pairs, soit à la Chambre des Députés, n'ont apporté à ce nouvel ordre de dispositions que de légères modifications.

Ainsi la loi est divisée en trois titres : le premier a pour objet les établissements des aliénés ; le second s'occupe des placements ; il se divise en quatre sections : la première traite des placements volontaires ; la seconde, des placements ordonnés par l'autorité publique ; la troisième, des dépenses du service ; la quatrième contient les règles communes aux deux modes de placements ; des dispositions générales forment le titre troisième.

Cette loi est éminemment protectrice de la liberté individuelle ; elle veille constamment à ce que nul individu ne puisse, sous prétexte d'aliénation mentale, être privé de la libre disposition de sa personne, et cependant elle laisse à l'administration tout le pouvoir qui lui est nécessaire. Mais il faut convenir qu'elle présente des dispositions un peu compliquées et qu'elle multiplie sans utilité les agents à qui elle confie les intérêts des aliénés.

Peut-être eût-il été préférable de ne pas confondre dans une même loi les mesures de police, des dispositions protectrices de la liberté individuelle et des règles sur les droits civils des aliénés. Tout ce qui est relatif à celles-ci offre la trace d'une certaine précipitation, et n'est pas toujours en harmonie parfaite avec les dispositions du Code civil.

Qu'il me soit permis de reproduire ici les réflexions qui terminent le rapport de M. Barthélemy à la Chambre des Pairs ; elles m'ont paru aussi justes qu'élevées ; il est bon qu'elles soient répandues ; car notre législation est en général trop exclusivement occupée du mal moral ou matériel lorsqu'il s'est développé, elle ne tend pas assez à le prévenir ; elle ne voit que les effets, elle ne recherche pas assez les causes.

« En adoptant, a dit M. Barthélemy, toutes les mesures qui tendent à procurer aux malheureux aliénés des asiles plus nombreux, un traitement plus rationnel ; en faisant disparaître de nos codes des prescriptions dont l'accomplissement pourrait nuire à la guérison ; en entourant leur personne et leurs biens de toute sa sollicitude, ce projet de loi acquitte la dette de l'humanité ; mais il ne suffit pas à la société de s'occuper des soins qu'elle doit aux aliénés déclarés, s'il est en son pouvoir d'en diminuer le nombre. Tous les auteurs s'accordent à dire qu'il s'accroît avec la dépravation des mœurs, et que les passions les plus viles et les plus basses sont celles qui en développent les principes avec le plus d'énergie. On a remarqué que le nombre des fous est généralement en rapport, dans chaque pays, avec celui des criminels, et que la folie se déclare avec le plus d'intensité et d'énergie au même âge que le crime. C'est donc à l'éducation à diminuer, en cherchant à les prévenir, les ravages que cause une maladie aussi dégradante pour l'espèce humaine.

« Efforçons-nous d'appuyer cette éducation sur les principes de religion et de morale, qui seuls peuvent donner à l'homme la force nécessaire pour réprimer ses mauvaises passions et les écarts de son esprit ; nous procurerons à ceux de nos concitoyens que de malheureuses prédispositions soumettraient à l'influence fâcheuse de cette cruelle maladie, le meilleur préservatif que l'expérience et l'opinion presque unanime des auteurs aient pu indiquer jusqu'à ce jour. »

On verra plus tard dans les notes sur les art. 2 et 3 les conséquences singulières qu'on cherchait à tirer de ces paroles pleines de sagesse.

(1) On aurait de la peine à croire que la

loi sur les aliénés ait pu devenir l'objet d'un dissentiment politique. Cependant les opinions opposées y ont trouvé le prétexte d'une lutte assez animée. Plusieurs pairs, s'emparant des paroles qui terminent le rapport de M. Barthélemy, voyez *supra*, ont soutenu qu'entre les établissements destinés à recevoir et à soigner les aliénés, la préférence devait être accordée à ceux qui sont desservis par des congrégations religieuses, ou plutôt que tous devaient être confiés à leurs soins pieux. Cette sympathie exagérée pour une classe d'établissements suffisait pour leur créer des adversaires également passionnés, et qui ont revendiqué pour les établissements laïques des faveurs, si ce n'est un privilége absolu et exclusif. M. le Ministre de l'Intérieur s'est sagement posé entre ces opinions extrêmes. « De ce que la religion, a-t-il dit, peut être invoquée comme une sauvegarde de la raison humaine, suit-il qu'il y ait une préférence à accorder aux établissements laïques ou aux établissements religieux ? Nous ne le pensons pas. Là où existent des établissements laïques, où toute la science est pratiquée, où l'ordre subsiste, nous pensons qu'il est bon de les soutenir, de les protéger. Existe-t-il, au contraire, des établissements dirigés par des congrégations religieuses autorisées par les lois, si l'ordre y existe, si la science y est bien pratiquée, si on ne lui ferme pas la porte de l'asile des aliénés, comme à une sorte d'invention mondaine, nous nous empresserons aussi de protéger, de maintenir ces établissements. Qu'il me soit permis de le dire, ce serait peut-être dans un mélange de ces deux sortes d'établissements, dans un mélange de ce qu'il peut y avoir de bon et de pratique quant à la science dans les établissements laïques, avec ce qu'il peut y avoir de bon, de pratique, d'actif, de secourable dans les établissements religieux, c'est dans ce mélange qu'on pourrait trouver le juste milieu qui peut servir à former un établissement-modèle pour les aliénés.

« Ceci n'est pas seulement une opinion théorique; c'est une opinion basée sur des observations. Je pourrais citer tel établissement dont la direction est confiée à des administrateurs laïques, et dans lesquels il y a des frères servants subordonnés aux laïques, dans lesquels l'ordre est le plus parfait en même temps que la science y est pratiquée dans des vues de progrès. Ne rien proscrire, telle a été l'opinion du Gouvernement, lorsqu'il s'est occupé de rédiger le projet de loi qu'il vous a soumis, pour lequel, d'ailleurs, il s'est presque toujours réuni à votre commission; car il n'a pas échappé à la Chambre que nous avons admis la plupart des améliorations que votre Commission avait proposées l'année dernière, et une grande partie des améliorations qu'elle a proposées cette année. »

La rédaction de cet article appartient à la commission de la Chambre des Députés. Le meilleur commentaire qui en même temps explique la disposition de l'art. 25 se trouve dans le rapport de M. Vivien du 27 mars 1838.

.... « En plaçant, y est-il dit, les secours à donner aux aliénés au rang des dépenses ordinaires des départements, auxquelles il est pourvu à l'aide des centimes votés par la loi des finances, elle les a élevées au rang des dépenses générales de l'État, placées sous l'autorité du Gouvernement et dans le vote des Chambres....

« Cependant l'engagement contracté par l'État, et qui sera accompli en son nom, a des limites que l'intérêt public ordonne de poser et qui ne sauraient être franchies sans compromettre nos finances, sans contrevenir à d'impérieuses règles d'économie publique.

« Votre commission a pensé qu'il convenait d'introduire, à ce sujet, quelques règles précises dans le projet de loi; elle les a consignées dans l'art. 24 (actuellement 25), dont je dois vous entretenir dès à présent, parce qu'il forme le commentaire et le complément de l'art. 1er.

« Tout aliéné dangereux, dont la séquestration sera ordonnée par l'autorité publique, doit être reçu et traité aux frais du département, s'il ne possède personnellement aucune ressource. C'est principalement en vue de cette classe que sont fondés les établissements publics; et l'autorité qui, dans un intérêt de sûreté général, dispose de la personne de ces infortunés, est tenue de pourvoir à leur bien-être physique toujours, et à leur guérison, quand elle est possible.

« Le devoir du Gouvernement ne s'arrête pas là. Il est des aliénés dont la condition est trop déplorable, quoiqu'ils ne menacent point la sécurité des citoyens, pour que la société ne leur vienne pas en aide; tous ceux aussi qui sont en proie au premier accès d'un mal que l'art peut dissiper doivent être admis à recevoir les secours de la science; et, quand, sur tous les points du territoire, des hôpitaux sont ouverts aux diverses maladies qui affligent l'humanité, la plus cruelle ne saurait être privée de ce bienfait.

« Mais, si la loi ouvrait indistinctement

les établissements créés ou subventionnés par les départements à quiconque se prévaudrait du titre d'aliéné, elle faciliterait les plus ruineux abus. L'imbécillité, l'idiotisme touchent de près à l'aliénation mentale, et pourraient aisément se confondre avec elle. Les Communes, pour se dégager du fardeau de leurs pauvres, les familles, pour se soustraire à leurs charges domestiques, ne manqueraient pas d'imposer au département, comme atteints d'aliénation mentale, tous les indigents incapables de subvenir à leur existence, et chez lesquels le moindre défaut d'intelligence pourrait servir de prétexte. Les établissements seraient bientôt encombrés, et les départements placés dans la pénible alternative de laisser s'accroître indéfiniment une dépense onéreuse ou de refuser des secours aux nouveaux malades, le plus souvent mieux disposés que les autres à profiter des secours de l'art, tandis que toutes les places seraient occupées par des incurables.

« Des mesures doivent être prises pour que tous les aliénés dont la raison n'est pas irrévocablement détruite obtiennent un traitement immédiat et complet. Après avoir pourvu à cette nécessité, les départements pourront admettre dans leurs établissements les autres aliénés, avec toutes les restrictions propres à empêcher que leur nombre ne soit un obstacle à l'admission des malades en traitement.

« Telle est la règle qui nous a paru devoir être admise. Elle n'était pas de nature à trouver place dans la loi; c'est aux conseils généraux qu'il appartiendra de prendre, à ce sujet, toutes les dispositions convenables, et de régler les formes et les conditions des admissions, de manière à pourvoir, dans de justes limites, à tous les besoins.

« Ainsi, les établissements ouverts, aux termes de l'art. 1er, devront recevoir tous les aliénés dangereux dont l'autorité publique aura ordonné la séquestration, et, en outre, tous ceux dont les conseils généraux, sous l'approbation du Ministre, auront autorisé l'admission.

« Tel est le sens de l'article introduit par votre commission.

« La faculté accordée aux départements de traiter avec des établissements publics ou privés, situés sur leur territoire ou sur celui d'un autre département, prouve que chacun d'eux n'est pas tenu de posséder un établissement en propre. Certains départements renferment trop peu d'aliénés, pour qu'il y ait lieu de leur consacrer une maison; dans d'autres, une création nouvelle serait nécessaire, et elle donnerait lieu à une dépense excessive, comparée aux besoins en vue desquels elle serait faite; enfin l'expérience prouve que les grands établissements sont préférables aux autres. Les moyens curatifs, le personnel nécessaire, la disposition spéciale des localités peuvent plus facilement y être obtenus, et les soins d'une bonne administration, d'une gestion économique concourent avec les enseignements de l'art pour les conseiller.

« Votre commission a donc maintenu la faculté, pour les départements, de traiter avec des établissements publics ou privés, sans être obligés d'en élever à leurs frais.

« Les traités qu'ils passeront seront soumis à l'approbation du Ministre de l'Intérieur; cette garantie a été introduite dans la loi par la Chambre des Pairs, qui ne l'a néanmoins appliquée qu'aux traités passés avec les établissements privés. Nous sommes d'avis que l'approbation ministérielle doit intervenir, mais nous la croyons nécessaire pour les traités passés avec tous les établissements, quels qu'ils soient, publics ou privés. A la vérité, les premiers ont des tarifs réglés par l'autorité, et seront soumis à des règlements particuliers qui garantiront leur bonne tenue; mais l'approbation du Ministre n'a pas seulement pour objet les conditions relatives aux prix et au régime intérieur, elle comprend tout ce qui rentre dans l'intérêt départemental, tout ce qui se rattache à l'organisation générale du service des aliénés; ainsi, le Ministre devra rechercher si le traité soumis à son approbation est la meilleure manière dont le département puisse venir aux secours des aliénés; si l'on ne doit pas plutôt former un établissement spécial; il devra se rendre compte de l'importance de l'établissement, s'assurer qu'il est en état de répondre aux engagements contractés, et faire en sorte, enfin, que les aliénés des divers points de la France soient répartis entre les établissements publics et privés, de manière qu'aucun de ceux-ci ne soit chargé au delà de ses facultés. »

On a proposé à la Chambre des Députés de substituer au deuxième paragraphe de l'article un amendement portant : « Les traités passés avec les établissements publics ou privés préparés par les Préfets, adoptés par les conseils généraux, devront être approuvés par le Ministre de l'Intérieur. »

M. le rapporteur a fait observer « qu'il est bien évident que les traités seront passés de l'aveu des conseils généraux; c'est le conseil

la direction de l'autorité publique (1).

3. Les établissements privés consacrés aux aliénés sont placés sous la surveillance de l'autorité publique (2).

---

général qui vote la dépense, et nécessairement il délibérera sur le traité. »

La proposition a été rejetée.

« Il est bien entendu, a dit le Ministre dans son discours de présentation du projet à la Chambre des Pairs, que le droit d'approbation réservé pour le Ministre n'a pas pour but de nuire aux établissements privés, de frapper d'une espèce d'interdit les maisons de santé fondées par des laïques ou des associations religieuses; toutes seront également admissibles à recevoir et soigner les malheureux aliénés, si elles sont régulièrement établies et constituées, et s'il est évident que les conditions pécuniaires proposées par elles ne sont pas dictées par un pur esprit de spéculation mercantile, le plus déplorable en cette matière, nous dirons même le plus coupable. »

On lisait à la suite du paragraphe 2 : « Ils (les traités) ne seront valables que si le chef de cet établissement s'est soumis à n'employer que des médecins agréés par le Préfet. »

MM. Pelet de la Lozère et Mounier ont fait remarquer que cette précaution, qui est utile dans certains cas, ne devait pas être insérée dans les lois, et qu'il fallait laisser aux réglements d'administration publique, dont parle l'art. 6, le soin d'établir de semblables règles.

M. le Ministre de l'Intérieur a consenti au retranchement.

On voit, au surplus, que les départements qui ne pourront pas former seuls un établissement sont obligés de traiter avec celui d'un autre département. Il vaudrait encore mieux que deux ou plusieurs départements s'unissent pour fonder et entretenir un établissement commun. Certainement, les termes de la loi ne s'opposent pas à une pareille combinaison, et sans aucun doute le Gouvernement devrait la favoriser; car si les départements s'isolent, chacun ne pourra former que des établissements qui n'offriront ni les ressources ni les développements convenables. Mais s'ils cherchent à s'associer, des difficultés nombreuses ne manqueront pas de s'élever. « Chacun, disait M. Billault à la Chambre des Députés, voudra avoir la suprématie et le bénéfice d'être le département central. On s'entendra difficilement de conseil général à conseil général; même par l'intermédiaire du Préfet, les négociations ne seront pas aisées. L'esprit de localité s'en mêlera, et le but de la loi ne sera pas atteint. » En conséquence, M. Billault demandait qu'une disposition expresse armât l'autorité supérieure de la puissance nécessaire pour amener les départements à préférer les bienfaits de l'association aux résultats fâcheux de l'esprit de rivalité et d'isolement. Je crois que personne n'a songé à contester la sagesse de ces vues, et sans doute, si la Chambre n'a point inséré une disposition propre à les réaliser, c'est parce qu'elle a considéré l'influence de M. le Ministre de l'Intérieur comme suffisante. Il a, d'ailleurs, promis lui-même d'employer tous les moyens de persuasion, pour arriver au résultat indiqué. Au demeurant, ce n'est pas la seule occasion où les départements comme les Communes sont, par le peu d'étendue de leur territoire et l'exiguité de leurs ressources, hors d'état de subvenir convenablement à leurs besoins et à l'accomplissement des services et des travaux qui l'intéressent. Nous voyons que pour les frais de l'instruction primaire, pour certains travaux, notamment pour la confection des routes, l'association entre plusieurs est indispensable. Des changements dans la circonscription, qui donneraient à chaque département une plus grande étendue, un meilleur choix des chefs-lieux, une plus grande réunion de ressources financières, rendraient faciles beaucoup de choses qui aujourd'hui présentent de graves difficultés.

L'établissement de Charenton a un caractère tout spécial. Il n'est ni communal, ni départemental, ni privé. M. le Ministre de l'Intérieur a déclaré qu'il appartient à l'État, et qu'il est entretenu à ses frais; et il a ajouté que si, pour mettre son règlement intérieur en harmonie avec la loi actuelle, quelques modifications étaient nécessaires, elles seraient faites.

(1 et 2) Ces articles-là indiquent tout système qui devra présider à la mise à exécution de la loi.

M. le rapporteur de la commission de la Chambre des Pairs en expliquait le sens dans la séance du 9 février 1838.

« De ce que les établissements publics, disait-il, sont placés sous l'autorité du Gouvernement, il en résulte qu'il a le droit de fixer le mode d'administration et le régime

4. Le Préfet et les personnes spécialement déléguées à cet effet par lui ou par le Ministre de l'Intérieur, le président du Tribunal, le procureur du Roi, le juge de paix, le Maire de la Commune, sont chargés de visiter les établissements publics ou privés consacrés aux aliénés.

Ils recevront les réclamations des personnes qui y seront placées, et prendront, à leur égard, tous renseignements propres à faire connaître leur position.

Les établissements privés seront visités, à des jours indéterminés, une fois au moins chaque trimestre, par le procureur du Roi de l'arrondissement. Les établissements publics le seront de la même manière, une fois au moins par semestre (1).

---

de ces établissements par ses ordonnances, ainsi que le porte l'art. 6; quant aux établissements privés, le droit de l'autorité se borne à une simple surveillance, c'est-à-dire à y faire de fréquentes inspections pour s'assurer qu'ils ne s'écartent pas des prescriptions de la loi et que tout chez eux se passe convenablement; là s'arrête le pouvoir du Gouvernement : il n'a qu'un droit de police et non un droit de direction absolue. »

Le rapport de M. Vivien, en 1837, explique aussi en quoi consiste la différence des droits de l'autorité sur les établissements publics et sur les établissements privés; et, après avoir parlé des améliorations qu'on peut introduire dans les premiers, il ajoute :

« Quant aux établissements particuliers, l'action de l'administration ne peut être la même qu'à l'égard des établissements publics. L'industrie privée a des droits qui doivent être respectés; mais les considérations que nous venons d'exposer prouvent que si l'intervention du Gouvernement offre un caractère différent, elle doit néanmoins tendre au même but. Nous pourrions dire qu'elle doit être plus étendue; car aux inconvénients graves qui résulteraient d'une administration vicieuse, et qui doivent être évités dans tout établissement, les entreprises particulières peuvent en ajouter qui leur sont spéciaux. Les coupables connivences pourraient donner la facilité de disposer de la liberté d'un parent incommode ou ennemi; une lâche cupidité, une méprisable indifférence pourraient prolonger une captivité qui doit cesser avec la démence et qui devient un crime dès qu'elle dure plus que sa cause. La loi ne peut se mettre trop en garde contre ces abus, et le projet propose avec raison divers moyens de les prévenir. Ainsi aucun établissement privé ne pourra se former sans une autorisation préalable, et un règlement d'administration publique déterminera les conditions auxquelles les autorisations seront accordées, les cas où elles pourront être retirées et les obligations imposées aux établissements. Par ce moyen, le Gouvernement pourra prescrire toutes les mesures d'ordre public et toutes les précautions d'intérêt privé.

En Angleterre, de semblables autorisations sont exigées. La loi a fait plus; elle leur donne une durée d'une année seulement. Nous aurions craint, en adoptant cette disposition, de créer un obstacle à la formation d'entreprises qui exigent des capitaux considérables, pour répondre convenablement à leur but. Nous laissons au règlement d'administration publique le soin de déterminer la durée des autorisations; nous nous sommes bornés à rédiger l'article 3 de manière à indiquer que l'autorisation sera donnée au chef de l'établissement et non à l'établissement. Il est nécessaire en effet qu'aux conditions matérielles, propres à assurer le succès et la durée de l'entreprise, se joignent les garanties personnelles du caractère, des habitudes et de l'expérience du directeur. Le pouvoir qu'il doit exercer, la confiance dont il faut qu'il soit digne ne permettent pas que ces fonctions soient librement exercées par tous ceux que l'esprit de spéculation pourrait engager à s'en revêtir.

Au surplus, les mots *autorité publique* ont été substitués aux mots *gouvernement* et *autorité administrative* qui se trouvaient dans le projet, et qui manquaient d'exactitude, comme l'a fort bien fait remarquer M. le rapporteur de la Chambre des Pairs, puisque les établissements d'aliénés sont soumis aussi à *l'autorité judiciaire*.

(1) Cet article a été l'objet de vives critiques dans les deux Chambres. Le grand nombre des visiteurs ou inspecteurs aura pour effet, a-t-on dit, d'abord, de révéler ce que les familles ont intérêt à tenir dans le secret; en second lieu, de retarder peut-être la guérison du malade.

On empruntait ce dernier reproche à une brochure de M. Esquirol, dans laquelle il

5. Nul ne pourra diriger ni former un établissement privé consacré aux aliénés sans l'autorisation du Gouvernement.

---

s'exprime ainsi : « Il y a, d'après le projet de loi, plusieurs ordres de surveillance :

« Le Préfet et ses délégués ;

« Les délégués du Ministre de l'Intérieur ;

« Le président du Tribunal ;

« Le procureur du Roi et ses délégués ;

« Le juge de paix ;

« Le Maire de la Commune.

« Ajoutez les visites des administrateurs des hospices ou des membres des commissions spéciales de surveillance des maisons d'aliénés.

« Ajoutez encore les visites qui doivent être faites par des délégués du Préfet dans les trois jours qui suivent l'admission de chaque malade.

« Que de visites ! que de visiteurs ! Prisons d'État, prisons criminelles furent-elles jamais soumises à de plus nombreuses inspections ? Que d'individus admis dans le secret d'une maladie que tout le monde cherche à cacher !

« Avant d'apprécier l'utilité de ces visites, il est bon de signaler le mal qu'elles feront.

« Il est d'expérience que la visite journalière du médecin provoque une sorte d'excitation générale parmi les aliénés, surtout parmi les femmes, quelque habituées que soient ces malades à ces visites.

« Lorsque les administrateurs, les membres des commissions de surveillance visitent les établissements d'aliénés, ils sont témoins de l'excitation que leur présence provoque. Il en est de même lorsque les autorités supérieures se rendent dans ces établissements. »

On a répondu d'abord au premier reproche, qu'il est bien vrai qu'il faut avoir égard à la malheureuse situation des familles ; mais qu'on ne saurait entourer de trop de garanties la liberté individuelle.

« De quoi se plaint-on ? a dit M. le Ministre de l'Intérieur ; de ce qui a toujours eu lieu. Suivant une loi de 89, l'autorité publique en cette matière s'exerçait d'une manière différente, dans quelques parties de la France. Il y avait tel département où le dépôt des aliénés se faisait d'après un arrêté du Préfet, et dans d'autres, dans celui du Nord, par exemple, il fallait un jugement d'interdiction, précédé d'une enquête. La loi a pour but, d'abord, de faire disparaître ces différences dans l'application de la législation ; et, en second lieu, de faire disparaître cette enquête préalable et cette véritable enquête judiciaire qu'on appelle jugement, par suite desquels on dépose l'aliéné dans une maison particulière.

« Eh bien, le projet a pour but de régulariser cet état de choses. Vous verrez, en jetant les yeux sur l'art. 7, qu'il suffira d'un certain nombre de conditions imposées aux membres de la famille pour que le dépôt puisse avoir lieu. On a donc pourvu, autant qu'il a été possible, d'après le projet, à ce que l'on demandait avec raison tout à l'heure, c'est-à-dire qu'on tient compte de ce qu'il peut y avoir de pénible dans la situation des familles.

« Une autre observation qui a été faite, c'est qu'un trop grand nombre de personnes auraient le droit de visiter ces établissements.

« On a tracé des limites à cet égard ; car si, d'une part, il faut cacher autant que possible la situation de santé d'un membre d'une famille, d'un autre côté, il faut donner à la liberté individuelle toutes les garanties. Eh bien, qu'a-t-on fait ?

« On a dit que le Préfet et les personnes qu'il aura déléguées à cet effet, le président du Tribunal, le procureur du Roi, le juge de paix, le Maire de la Commune seraient chargés de visiter ces établissements. Il faut bien donner l'entrée de ces maisons à l'autorité judiciaire, pour écouter les plaintes contre l'autorité administrative, s'il y avait lieu. C'est un contrôle particulier placé à côté de l'autorité administrative. Le Maire est chargé de cette visite. En effet, le Maire est le représentant d'un pouvoir électif, mais il est le délégué de ses concitoyens, et on a trouvé juste de mettre à côté de l'autorité administrative un magistrat qui ressort à la fois de la couronne et de l'élection populaire. On a voulu mettre tous les degrés de garanties pour contrôler l'action administrative. Il fallait bien donner aussi au Préfet le droit de désigner un ou plusieurs médecins pour avoir un rapport sur la situation des aliénés. Mais enfin il y a limites à toutes choses, et la loi ne pouvait avoir la prétention de tout définir. Il faut s'en rapporter au bon sens et à la raison des Préfets sur l'application de la loi. »

Malgré ces raisons, ce n'est pas sans quelque répugnance qu'on a laissé subsister une disposition qui aura pour résultat nécessaire de multiplier les visites, et la discus-

Les établissements privés consacrés au traitement d'autres maladies ne pourront recevoir les personnes atteintes d'aliénation mentale, à moins

---

sion dans les deux Chambres a révélé la pensée que l'on devrait exécuter la loi, sous ce rapport, avec beaucoup de réserve et de précaution,

M. Vivien disait, dans son rapport en 1837:

« Le Préfet pourra déléguer des inspecteurs spéciaux chargés de visiter les établissements. Il choisira, pour leur donner ce caractère, les citoyens les plus capables d'imprimer à ce service une direction utile et salutaire. Ces délégués le remplaceront toutes les fois que d'autres soins le distrairaient, et leur concours aura pour résultat de rendre la surveillance active et vigilante.

« Nous espérons qu'elle s'exercera réellement; nous n'entendons pas prononcer une oiseuse prescription. Il sera du devoir du Gouvernement de donner sur ce point les instructions les plus précises; il engagerait gravement sa responsabilité s'il négligeait d'user de l'autorité que la loi va lui confier, et s'il laissait ses agents s'oublier dans une molle indifférence. »

« Abusera-t-on de cette faculté (celle de visiter les établissements)? disait M. le Ministre de l'Intérieur à la Chambre des Pairs. Messieurs, chacun sentira qu'il y a là une question d'humanité et de nécessité pour le traitement de la maladie. Des instructions ministérielles rappelleront d'ailleurs aux Préfets ce qu'ils auront à faire. » Ces paroles s'adressaient à un membre de la Chambre des Pairs qui demandait qu'il ne pût y avoir qu'un seul délégué.

Au doute exprimé par le même membre, sur le point de savoir si la délégation du Préfet sera permanente ou accidentelle et renouvelée pour chaque visite, M. le baron Feutrier a répondu :

« Le Préfet désignera, d'une manière permanente, le Sous-Préfet qui est le chef de l'administration, dans l'arrondissement, afin qu'il s'assure, par des visites fréquentes, de l'exécution des prescriptions de la loi, dans les établissements dont il s'agit, si l'ordre y est complet, si les soins sont donnés avec exactitude. Sous ce rapport, il y aura délégation permanente. Il pourra ensuite y avoir des délégations spéciales pour des visites accidentelles, dans des cas et pour des causes accidentelles, relativement à telle ou telle disposition à introduire dans le régime de l'établissement, dans la construction même des établissements publics directement par l'administration, ou à imposer aux directeurs des établissements privés. D'ailleurs l'article emploie le mot *délégation*, et il n'est pas à craindre que le Préfet puisse, sous prétexte de délégation, céder aux désirs de personnes qui ne seraient mues que par un sentiment de curiosité. »

Ni le Ministre, ni le Préfet ne doivent choisir des délégués qui soient parents des personnes intéressées dans l'établissement.

Il est vrai qu'un paragraphe exprimant cette prohibition a été supprimé dans le projet adopté par les Chambres, mais les motifs de suppression n'ont porté que sur le caractère absolu que cette disposition tirait de sa présence dans la loi; en sorte que, quoiqu'elle ait disparu du texte, elle est restée dans l'intention.

Les motifs qu'a donnés M. le Ministre de l'Intérieur pour qu'elle fût retranchée de la loi confirment cette interprétation. Après avoir fait remarquer que la prescription serait inexécutable par le Ministre, puisque, dans le cas où il s'agirait d'un inspecteur général, il serait dans la nécessité de prendre des renseignements complets sur la situation des personnes intéressées dans tous les établissements publics de France, pour n'être pas pris en défaut, opération qui serait extrêmement difficile, et dont le résultat ne serait jamais certain, M. le Ministre de l'Intérieur a ajouté : « Sans doute, pour le Préfet, la mesure serait moins impraticable; mais ce sera au Préfet à y porter la plus grande attention. Le Ministre aura soin, dans ses instructions, de recommander que les personnes déléguées pour inspecter n'aient point de rapports de parenté ou d'amitié, ou même, autant que possible, d'affaires avec les personnes qu'il s'agira d'inspecter. Cela ne pourrait pas être mis dans la loi; mais le gouvernement aura égard aux recommandations qui lui ont été présentées, et le Ministre y fera droit selon les circonstances. »

On demandait que le juge de paix fût remplacé par un ministre du culte; cette proposition n'a pas été accueillie, mais il a été reconnu que celui-ci pourrait être délégué par le Préfet.

Au membre de la Chambre des Pairs qui voulait qu'il ne pût y avoir qu'un délégué, M. le Ministre répondait : « Il peut être quelquefois utile de déléguer un certain nombre de personnes. A Paris, par exemple, il y a des cas où le Préfet croit devoir s'éclairer par

qu'elles ne soient placées dans un local entièrement séparé.

Ces établissements devront être, à cet effet, spécialement autorisés par le

---

une commission de trois médecins; d'autres cas, dans lesquels on peut prier un prêtre, le Curé de la paroisse, je suppose, d'assister le médecin et d'examiner si tous les soins sont bien administrés. »

Un paragraphe disait expressément que les diverses personnes indiquées dans l'article seraient admises lorsqu'elles se présenteraient pour remplir leur mission. Il a été supprimé comme inutile. Il est bien évident, en effet, que la loi qui veut la fin veut les moyens.

On avait proposé de comprendre le premier président de la Cour royale et le procureur général dans la nomenclature; cette proposition n'a pas été accueillie, et cependant on a dit dans la discussion que ces magistrats avaient le droit de s'introduire, lorsqu'ils le jugeraient convenable, dans les établissements d'aliénés.

Il faut bien s'entendre à cet égard et faire disparaître l'espèce de contradiction qu'on pourrait trouver entre ce qui a été dit, à peu près unanimement, sur la nature des droits du procureur général et du premier président, et le refus de les comprendre dans la liste des fonctionnaires chargés de la surveillance des établissements créés par la présente loi. Les procureurs généraux, les premiers présidents, les juges d'instruction et les juges de paix peuvent et même doivent se transporter sur-le-champ dans le lieu où un individu est détenu arbitrairement et le faire mettre en liberté. (*Cod. inst., art.* 616.)

Mais il y a une grande différence entre la démarche obligatoire pour ces magistrats, à qui un fait de détention illégale est révélé, et les visites qui, sans qu'aucun événement les ait provoquées, doivent être faites, par pure précaution, par les fonctionnaires que désigne le présent article, et dans les établissements consacrés aux aliénés.

M. Dubouchage a fait remarquer qu'il ne fallait pas perdre de vue qu'il ne s'agit pas seulement de la liberté individuelle d'un aliéné séquestré; mais encore, et principalement des abus qui pourraient s'introduire dans un établissement; or, disait-il, s'il en est ainsi, quels renseignements les délégués pourront-ils prendre dans l'intérieur de la maison, auprès des personnes qui y sont placées? Ils n'en prendront pas, ou ils n'en prendront que de fautifs, puisqu'ils auront été donnés par des personnes intéressées à maintenir les abus qu'on voudrait réprimer. Il faudra donc que l'autorité prenne aussi des renseignements au dehors, et c'est ce qui n'est pas dans votre loi. Il proposait, en conséquence, un amendement conçu en ces termes: « Ils (les délégués) pourront faire une enquête sur les abus qui leur auront été signalés, et appeler des témoins. Ceux qui négligeraient ou refuseraient leur témoignage seraient passibles d'une amende de 100 à 300 fr. »

. . . .

M. le rapporteur a répondu: « D'après le projet, les personnes chargées de visiter les établissements et de recevoir les réclamations des séquestrés sont tenues de prendre tous les renseignements propres à faire connaître leur position. Dès lors, il résulte pour elles une sorte de droit d'enquête. Quant à l'enquête extérieure, elle est de droit, puisque les fonctionnaires chargés des inspections doivent prendre tous les renseignements propres à les éclairer. Ces fonctionnaires appartenant, soit à l'ordre administratif, soit à l'ordre judiciaire, auront, chacun dans leur sphère, le droit de faire connaître les abus, et même de les réprimer directement. La commission n'a donc pas cru nécessaire de l'exprimer. Quant à l'amende que prononce le statut anglais contre les personnes qui se refuseraient à comparaître dans une enquête, nous n'avons pas cru devoir vous proposer une disposition analogue dans la loi. Le plus souvent, l'enquête sera ordonnée par le procureur du Roi. Or, quand elle est faite par l'autorité judiciaire, le Code pénal contient des peines contre les témoins défaillants. Ces peines, qui s'appliquent à une prescription générale, seront aussi appliquées, s'il y a lieu, au cas spécial.

M. le vicomte Dubouchage: « Il est bien reconnu qu'à l'aide de ces mots on a entendu que l'administration et l'autorité judiciaire auront toujours le droit de faire une enquête à l'extérieur. Dès lors je retire mon amendement, et mon but est atteint par les explications que j'ai provoquées. »

M. le Ministre de l'Intérieur: « . . . . Les personnes admises dans les établissements d'aliénés ont deux catégories d'observations à faire: 1° les observations générales portant sur le régime de la maison, sur ce régime qui aura été introduit par des règlements d'administration publique. Eh bien, dans ce cas, le rapport sera fait à l'autorité administrative, qui a tout pouvoir pour réformer les abus. Il y a ensuite une autre espèce d'examen à faire: celui qui a rapport aux personnes. Pour celui-là, supposez qu'une plainte, qu'un soupçon,

Gouvernement, et seront soumis, en ce qui concerne les aliénés, à toutes les obligations prescrites par la présente loi (1).

---

arrive à l'esprit du visiteur, à qui va-t-il s'adresser? aux autorités compétentes, qui ont tous les moyens de faire une enquête tout aussi solennelle, tout aussi complète que l'enquête prévue par le statut anglais. (Approbation.)

« Ainsi, s'il y a abus administratif, l'administration locale est là; s'il y a une enquête judiciaire à faire, elle rentre dans le domaine des tribunaux. Nous croyons donc que l'article proposé par le Gouvernement, et auquel la commission a bien voulu donner son suffrage, remplit parfaitement le but qu'on s'est proposé. (Assentiment.)

(1) Le projet de 1838 contenait un principe absolu dans son deuxième paragraphe. Il portait : « Aucun établissement privé, consacré « au traitement d'autres maladies, ne pourra « recevoir les personnes atteintes d'aliénation « mentale. »

Cette disposition, qui n'était pas dans le projet primitif, fut introduite sur la démarche unanime des médecins qui attestaient qu'on ne pouvait arriver d'une manière efficace à la guérison des maladies mentales dans les établissements où étaient reçus d'autres malades.

A la Chambre des Pairs on soutint que l'article aurait pour résultat d'enlever aux familles toute leur liberté et de ne pas laisser même au malade le choix de la maison où il voudrait être traité. A la suite d'une longue discussion, la rédaction qui se trouve aujourd'hui dans la loi fut proposée par la commission et adoptée malgré une vive opposition de la plupart des membres qui avaient combattu l'article et qui demandaient qu'il fût rejeté.

Il n'est, du reste, pas aussi restrictif du principe absolu posé dans la rédaction qu'il remplace que la suppression de celle-ci pourrait le faire croire. Il est certain que la Chambre n'a, pour ainsi dire, fait autre chose que remplacer l'article par son commentaire. C'est ce qui résulte parfaitement de la discussion qui a précédé ou suivi son adoption. Ainsi le Ministre de l'Intérieur disait : « Cet article se recommande à toute l'attention de la Chambre; car si l'on adoptait la proposition qui a été faite de le supprimer, la loi deviendrait en quelque sorte illusoire. Dans cet article se trouve en effet toute l'efficacité de la loi.

« Le but du Gouvernement en présentant cet article a été très-bien défini dans la rédaction de la commission qui vient d'être présentée tout à l'heure. Ainsi la commission et le Gouvernement ont été fidèles à eux-mêmes, et ils n'ont fait autre chose que rédiger plus clairement leur pensée. »

Et en effet, en présentant la nouvelle rédaction de la commission et du Gouvernement, M. le marquis Barthélemy, rapporteur, avait déjà dit : « . . . . Il ne s'ensuivra pas sans doute qu'une maison de santé qui recevra d'autres malades ne pourra point être autorisée à avoir aussi des aliénés. Évidemment, si la séparation est complète entre les deux classes de malades, si la maison réunit les conditions essentielles, si son directeur est agréé, s'il se soumet à toutes les obligations prescrites par la loi, il est évident qu'une pareille maison devra obtenir la faculté de recevoir des insensés. Mais il y aura en ce cas deux établissements distincts, quoiqu'appartenant au même individu : l'un qui ne sera soumis, comme maison de santé ordinaire, qu'à la surveillance du commissaire de police; l'autre qui devra être incessamment ouvert au ministère public, au juge de paix et aux nombreux magistrats auxquels nous avons hier confié la mission de la visite. Cela était ainsi entendu dans la commission, et la Chambre l'a compris de même; cependant nous avons pu observer qu'un grand nombre de ses membres aurait désiré une rédaction qui exprimât plus clairement la pensée de la commission que ne peut le faire l'article du projet, qu'elle n'avait pas cru devoir modifier. La commission s'étant assemblée a recherché une rédaction qui pût satisfaire, non pas l'unanimité de la Chambre, mais concilier l'opinion de tous ceux qui ne veulent point que les insensés puissent être confondus avec les autres malades. »

Dans le cours de la discussion, M. le marquis Barthélemy répondait ainsi à une interprétation de M. le baron Mounier : « L'amendement que j'ai présenté au commencement de la séance, au nom de la commission, est plus explicite que celui du Gouvernement, mais au fond il ne contient pas autre chose qu'une juste et rigoureuse interprétation de l'article du Gouvernement. Que dit en effet cet article? « Aucun établissement privé, « consacré au traitement d'autres maladies, ne « pourra recevoir les personnes atteintes d'a- « liénation mentale. » Il est évident que si, à côté de cet établissement, il se forme un établissement autorisé par le Gouvernement pour traiter l'aliénation mentale, il y aura un deuxième établissement placé sous la même direction. »

Néanmoins la loi n'exige pas deux bâtiments

6. Des règlements d'administration | publique détermineront les conditions

distincts pour chaque établissement. En effet la première rédaction de l'amendement de la commission portait : *dans un local entièrement distinct et séparé.*

M. le baron Mounier a dit : « On doit traiter les aliénés séparément, et, par conséquent, il n'y a pas d'inconvénient à ce qu'on leur assigne des quartiers dans des maisons où se trouvent d'autres malades, pourvu qu'ils ne communiquent pas avec eux. Je demande donc qu'on se serve du mot *séparé*, qui peut s'entendre de quartiers d'un même bâtiment; tandis que si on mettait le mot *distinct*, on pourrait venir dire un jour qu'on exige deux bâtiments. »

M. le Ministre de l'Intérieur et M. le rapporteur ont déclaré adhérer à l'amendement, qui a été adopté par la Chambre.

Le paragraphe 3 a donné lieu à une discussion de laquelle est ressortie la solution de quelques difficultés d'exécution.

Ces difficultés ont été soulevées et signalées par M. le comte Portalis.

Il a dit que la disposition de l'amendement, qui obligeait la maison dans laquelle se trouvera un malade accidentellement atteint ou menacé d'aliénation mentale, de se faire donner une autorisation préalable, lui semblait détruire l'amendement lui-même; qu'il était évident que toutes les maisons de santé de France seraient sous le coup de cette obligation, car on ne pouvait prévoir d'avance celles dont les secours pourraient être demandés, lorsqu'une famille habitant dans leur voisinage se verrait dans la dure nécessité de faire séquestrer un de ses membres, et de le soumettre au traitement nécessaire pour le rétablissement de sa raison.

« On ne peut pas considérer comme des aliénés, dans le sens de la loi, a continué l'orateur, toutes les personnes atteintes d'une affection qui altère l'usage ou l'exercice de leurs facultés intellectuelles. Il y a des transports au cerveau, des accès de délire, des hystéries qui troublent la raison et obscurcissent l'intelligence. Dans tous les cas, on ne peut considérer les individus dont la maladie se manifeste par ces déplorables symptômes comme des aliénés proprement dits; et une des causes d'erreur et de dissension entre les orateurs si habiles et d'ailleurs si unis d'intention, qui ont pris part à cette discussion, vient de la confusion des idées qu'entraîne l'imperfection du langage. Sur le sens du mot *aliéné*, l'autorité de l'Académie est d'accord avec l'autorité du Code. Le Code ne regarde comme aliénés que les personnes qui sont dans un état habituel de démence, de fureur ou d'imbécillité.

« Faudra-t-il, lorsqu'un accident fâcheux aura atteint un malheureux, que sa famille le classe elle-même sur-le-champ au nombre de ces malheureux privés de raison, et se détermine à le faire entrer immédiatement dans une maison dédiée à la folie ? L'intérêt des familles ne sera-t-il pas cruellement froissé, s'il faut, aussitôt qu'une indisposition de ce genre aura affecté un de ses membres, qu'on le transporte dans un hospice consacré aux seuls insensés ? »

L'orateur a présenté d'autres considérations tirées de ce que l'éloignement des maisons spéciales ne permettra pas toujours aux familles de faire traiter leurs malades dans leur voisinage; qu'il nécessitera même des dépenses qui souvent excéderont leurs ressources. Il a résumé son opinion en déclarant que la loi pouvait atteindre son but, sans blesser les convenances des familles, et en leur ménageant la faculté de déposer un de leurs membres atteint d'une maladie mentale dans un lieu destiné aux maladies ordinaires; et qu'il suffirait pour cela que cette maison fût assujettie à la surveillance établie par la loi sur les maisons spéciales consacrées au traitement des aliénés, et que le malade ne pût y être reçu qu'après l'accomplissement de toutes les formalités prescrites par la loi; qu'il ne voudrait pas qu'on obligeât ces maisons à demander d'avance une autorisation; car le directeur ne pouvait prévoir qu'il s'y présentera des aliénés. Si l'on veut que l'amendement ait quelque portée, quelque utilité, qu'il remplisse le but qu'on s'est proposé, il faudrait que toutes les maisons de santé se prémunissent de l'autorisation. Il a proposé la rédaction suivante :

« Les établissements privés consacrés au traitement d'autres maladies ne pourront recevoir les personnes atteintes d'aliénation mentale, à moins qu'elles ne soient placées dans un local entièrement distinct et séparé.

« Ces établissements seront, en ce cas et de plein droit, soumis à toutes les mesures de surveillance prescrites, et les chefs ou directeurs de ces établissements seront tenus de se conformer à toutes les dispositions contenues dans la section 1re du titre 2, pour l'admission des malades. »

M. le baron Pelet ajoute : « M. Portalis a fait remarquer combien il serait difficile, dans

auxquelles seront accordées les autorisations énoncées en l'article précédent, l'exécution, de soumettre toutes les maisons de santé qui peuvent se trouver dans le cas de recevoir momentanément une personne dont la raison commence à se troubler, de les soumettre à se faire autoriser comme maisons d'aliénés.

« En effet, je ferai remarquer combien ce mot *aliéné*, qui se présente à chaque instant, est vague et incertain. Faudra-t-il, toutes les fois qu'une personne malade d'une fièvre cérébrale sera présentée dans une maison de santé, faudra-t-il que le propriétaire se fasse donner l'assurance que sa raison est bien saine, afin que son admission ne puisse le compromettre vis-à-vis de l'autorité et lui faire encourir les pénalités qui terminent la loi? Je prie la Chambre de remarquer que le dernier article condamne à un emprisonnement de cinq jours à un an, et à une amende de 50 fr. à 3,000 fr., les personnes qui violeraient les prescriptions de la loi. Or, voulez-vous, quand on présentera un malade dans une maison de santé, que le directeur fasse établir une enquête pour constater qu'il n'est pas atteint d'aliénation mentale, maladie qui le compromettrait vis-à-vis du Gouvernement?

« Quel est le but de la loi? C'est de garantir la liberté individuelle, et de mettre le pays à l'abri des malheurs qui pourraient résulter de ce grand nombre d'aliénés qui vaguaient dans les campagnes. Eh bien, il me semble qu'elle va au delà de son but, en forçant les familles à mettre ces personnes dans les maisons d'aliénés, ou en mettant à leur admission dans des maisons de santé de telles conditions, que ce serait rendre la chose impossible. »

M. le Ministre de l'Intérieur a repoussé ces reproches.

« Sans doute, a-t-il dit, il sera moins commode pour les familles de pouvoir placer, à leur gré, dans une maison de santé, ceux de leurs membres atteints d'aliénation mentale. Mais n'y a-t-il donc que l'intérêt des familles dont nous devons nous préoccuper ici? N'est-il pas vrai, au contraire, que la première préoccupation du législateur, lorsqu'il s'agit de disposer de quelques-uns des membres de la société, c'est la liberté individuelle?

. . . .

« Ce que nous avons voulu, c'est gêner les familles; les gêner, non pas dans leurs goûts, dans la juste affection qu'elles peuvent avoir pour leurs proches; mais les gêner dans les passions mauvaises, dans les passions cupides qui pourraient les porter à faire disparaître, sous prétexte de folie, un de leurs membres.

« Cette préoccupation n'existe pas seulement chez nous. On a discuté longuement, dans un autre pays, une loi sur les aliénés. Quelle a été la principale préoccupation du législateur? Ç'a été la liberté individuelle. Et je suis bien aise de dire que les législateurs anglais ont été beaucoup plus loin que nous. Vous serez peut-être effrayés des précautions accumulées par le gouvernement anglais pour préserver la liberté individuelle....

« Le gouvernement anglais a été trop loin; je crois que nous sommes dans la juste mesure. Dès que l'aliéné sort de la famille pour être mis dans une maison de spéculation, nous faisons en quelque sorte une addition de la spéculation de la famille à la spéculation de l'intérêt privé, et nous prenons toutes les précautions pour en prévenir les dangers.

« Telle est la pensée qui a dirigé le gouvernement du Roi dans l'article qui est soumis en ce moment à vos délibérations.

Répondant à l'objection prise du petit nombre des établissements consacrés aux aliénés, d'où résulterait la difficulté du placement tant à cause de l'éloignement que des frais qu'il entraînerait, M. le Ministre a dit qu'il existe en ce moment quatre-vingt-quatre établissements publics ou privés spéciaux pour le traitement des aliénés, sans compter les maisons de santé; que d'un autre côté, « il est évident que s'il s'agit de déposer pour une nuit un aliéné dans un hospice, ou de le déposer pour deux nuits dans une maison de santé, il n'y aura à cela aucune difficulté, car la loi a prévu ce cas: la prévision de la loi s'applique non-seulement à l'aliéné indigent, mais à toute espèce d'aliénés. »

« Il y a des cas d'urgence, a dit ailleurs M. le Ministre, dans lesquels l'autorité du lieu, le Préfet, le Sous-Préfet ou le Maire prendra tout sur lui, et fera entrer le malade dans la maison de santé, et en rendra compte immédiatement. La loi ne peut prévenir tous les cas, il faut laisser quelque chose à l'exécution, à la jurisprudence. Quand ces cas d'urgence se présenteront, on trouvera le moyen d'y pourvoir à l'instant même. »

Voyez art. 24.

Quant au reproche de gêner les familles pour le dépôt d'un aliéné dans une maison de santé, M. le Ministre, loin de le nier, a déclaré que la loi voulait qu'il en fût ainsi, et il a justifié ce vœu en invoquant la protection qui en résultait pour la liberté individuelle,

les cas où elles pourront être reti- | rées, et les obligations auxquelles se-

---

en soutenant en second lieu que le traitement en commun est ce qu'il y a de meilleur. Or, a-t-il dit, si vous multipliez les maisons où pourront être reçus les aliénés, vous disséminez et amoindrissez, par conséquent, la surveillance qu'il est nécessaire d'exercer sur ces maisons. Le jour où vous permettrez de traiter les aliénés dans les maisons de santé, toutes les personnes auxquelles vous avez donné le droit de visite ne suffiraient pas à faire l'inspection que vous voulez qu'elles fassent.

Le reproche fondé sur le vague du mot *aliéné* a reçu aussi une réponse. « Il faut le reconnaître, a dit le Ministre, le traitement de l'aliénation mentale demande une spécialité. Qu'on veuille bien remarquer que nous parlons des aliénés seulement. On vient nous parler de fièvres cérébrales. On est aliéné ou on ne l'est pas; si l'on ne l'est pas, on peut être traité dans une maison de santé; si l'on est aliéné, on doit être placé dans un établissement public ou privé spécial. On veut qu'on puisse mettre l'aliéné dans une maison de santé; d'accord; mais quand cette maison aura été autorisée, quand certaines conditions auront été remplies, et qu'alors vous aurez toutes les garanties pour la société, qui doit être préservée des atteintes de ses membres; pour la famille dont la situation sera suffisamment favorisée, et pour l'individu que vous devez surtout avoir en vue, parce qu'on pourrait abuser d'une fièvre cérébrale, d'une faiblesse passagère du cerveau, pour en faire un aliéné qu'on priverait de tous droits de famille. »

Je crois que cette réponse laisse subsister la difficulté; mais aussi je reconnais qu'il était difficile de lui donner une résolution franche et péremptoire. C'est aux directeurs des maisons de santé à faire constater l'existence de la maladie avec tous les caractères qui la constituent, lorsqu'un individu leur sera présenté, et à ne le recevoir que sur la déclaration des médecins que le malade est atteint d'une véritable aliénation mentale. Il y aurait néanmoins toujours des erreurs, et quelquefois aussi la loi pourra être éludée. Les familles qui voudront avoir leur malade sous les yeux et dans une maison de santé tâcheront de trouver des médecins complaisants, qui, d'accord avec le directeur de la maison de santé, déclareront qu'il n'y a pas démence, mais fièvre cérébrale ou toute autre affection analogue.

M. le rapporteur, répondant à la question nettement posée de savoir si un établissement de santé pourrait recevoir un aliéné avant d'en avoir obtenu l'autorisation, a dit :

« On demande si lorsqu'un aliéné se présentera dans une maison de santé ordinaire, surtout dans un pays où il n'existera point d'établissement spécial, la porte de cette maison devra lui être refusée, par le motif qu'elle ne serait pas autorisée. Évidemment, non. La loi charge, en certains cas, le Maire de pourvoir d'office au logement de l'aliéné avant qu'il puisse être dirigé sur un établissement spécial, et on lui refuserait le droit d'autoriser un placement temporaire dans une maison de santé! Cela n'est pas supposable.

« Revenons, a continué l'orateur, à l'amendement de M. le comte Portalis ....

« Cet amendement ne nous paraît pas pouvoir être adopté; il n'offre pas les mêmes garanties que celui de la commission, tant sous le rapport de la liberté individuelle que sous celui du bien-être de l'aliéné. Nous n'hésitons pas à le dire, la plus forte des garanties est dans la moralité du chef de l'établissement; aussi la loi a-t-elle voulu que, non-seulement l'établissement, mais encore son directeur, fussent approuvés et agréés par le Ministre de l'Intérieur.

« Si une maison de santé peut recevoir des aliénés sous la seule condition d'être soumise aux mesures de surveillance prescrites par la loi, il est évident qu'on arrivera, sans le vouloir, à se passer de la garantie si essentielle que doit offrir un chef d'établissement agréé par le Ministre, et dont il peut briser l'existence pour le moindre méfait. Qui garantit d'ailleurs que, dans un établissement que vous ne soumettrez pas à l'autorisation du Gouvernement, il existera les divisions les plus indispensables; que, par exemple, les deux sexes seront séparés? Personne n'ignore que les aliénés ont les passions violentes, et que les plus graves désordres ne tarderaient pas à naître dans une maison où il n'existerait aucuns moyens de les prévenir ou de les réprimer. Vous n'aurez jamais, dans les maisons ordinaires, les mêmes moyens de surveillance que dans les établissements spéciaux. »

L'amendement de M. Portalis a été rejeté. (Voyez toute cette discussion dans le *Moniteur* du 20 février 1837.)

Sur la demande de M. le baron Mounier, la Chambre des Pairs a substitué les mots : *à cet effet*, à ceux-ci : *en ce cas*, qui se trouvaient dans l'amendement de la commission qui a été adopté.

ront soumis les établissements autorisés (1).

7. Les règlements intérieurs des établissements publics consacrés, en tout ou en partie, au service des aliénés, seront, dans les dispositions relatives à ce service, soumis à l'approbation du Ministre de l'Intérieur (2).

TITRE II. — *Des placements faits dans les établissements d'aliénés.*

Section Ire. — *Des placements volontaires.*

8. Les chefs ou préposés responsables des établissements publics et les directeurs des établissements privés et consacrés aux aliénés ne pourront recevoir une personne atteinte d'aliénation mentale, s'il ne leur est remis (3) :

1°. Une demande d'admission contenant les noms, profession, âge et domicile, tant de la personne qui la formera que de celle dont le placement sera réclamé, et l'indication du degré de parenté ou, à défaut, de la nature des relations qui existent entre elles.

---

(1) Voyez l'art. 41.

(2) Dans le projet, cet article formait un deuxième paragraphe de l'art. 6. Il était ainsi conçu : « Tout établissement public, consacré « en tout ou en partie au service des aliénés, « sera, soit dans son ensemble, soit dans la « portion de l'établissement affecté à ce ser- « vice, soumis, par la gestion et le régime, à « des règlements d'administration publique. »

La raison de cette rédaction de la Chambre des Pairs était que la partie de l'établissement non consacrée aux aliénés ne devait point être soumise aux règlements spéciaux.

Quoique la distinction ne se retrouve pas expressément dans l'art. 3, la pensée n'en est pas moins restée. On en a supprimé l'expression comme surabondante et inutile. (Voyez sur ce point les notes de l'art. 5.)

(3) D'après le projet primitif, l'autorisation du Préfet était nécessaire pour l'admission d'un aliéné dans un établissement. « Nul indi- « vidu, portait l'art. 1er, atteint d'imbécillité, « de démence ou de fureur, dont l'interdic- « tion n'aura pas été prononcée, ne pourra, « sous les peines portées par l'art. 120 du Code « pénal, être placé ou retenu dans aucun hos- « pice ou autre établissement public ou privé, « affecté au traitement de l'aliénation men- « tale, qu'en vertu d'une autorisation ou d'un « ordre du Préfet. »

L'art. 2 ajoutait : « L'autorisation sera dé- « livrée sur la demande des parents ou de l'é- « pouse.

« Elle le sera sur la demande de l'autorité « militaire pour les militaires.

« Le placement, soit avant, soit après l'in- « terdiction, pourra être ordonné d'office par « le Préfet, lorsqu'il sera motivé par l'intérêt « de la sûreté publique.

« L'autorisation ou l'ordre seront donnés « par le Préfet, sur les rapports du Maire ou « du Sous-Préfet, et sur l'avis d'une commis- « sion instituée dans les formes qui seront dé- « terminées par un règlement d'administration « publique. »

La Commission de la Chambre des Députés supprima ces deux articles; et l'intervention de l'autorité publique fut écartée.

Le motif pour lequel on avait exigé l'autorisation préalable du Préfet avait été de protéger la liberté individuelle; la Commission pensa que cette précaution n'était pas indispensable.

« Le projet du Gouvernement, porte le premier rapport de M. Vivien, vous propose d'exiger une autorisation préalable du Préfet; et, selon l'exposé des motifs, l'isolement de l'aliéné ne peut être effectué, dans aucun cas, sans l'intervention d'une autorité publique.

« Les motifs sur lesquels se fonde cette proposition sont graves et dignes de la plus sérieuse attention. Le placement d'une personne dans un établissement d'aliénés est une atteinte formelle à sa liberté. La faculté de l'ordonner peut devenir la source des plus coupables abus : elle peut servir d'arme à la vengeance, d'instrument à la cupidité. La liberté individuelle est un des droits que la Charte a garantis; le Législateur ne peut l'entourer de trop de protection, et des mesures qui la mettraient en question répandraient à juste titre l'inquiétude dans le pays.

« Votre Commission adopte ces principes, mais elle ne croit pas qu'ils justifient le projet du Gouvernement. Elle accepte toutes les précautions qui tendront à faire connaître à l'administration le placement d'un citoyen dans une maison d'aliénés; elle provoque toutes les visites qui pourront aider à constater son état mental; elle ne veut pas qu'en aucun cas une personne saine d'esprit puisse être privée de sa

La demande sera écrite et signée par celui qui la formera, et, s'il ne sait pas

liberté, séparée violemment de sa famille et séquestrée dans un établissement d'aliénés; mais elle ne croit pas qu'il soit nécessaire d'exiger, préalablement à l'admission, une autorisation de l'administration; elle diffère en ce point seulement du projet du Gouvernement.

« Le but de ce projet est le soulagement des aliénés, les facilités à donner à leur traitement. C'est contrarier ouvertement ce but que de subordonner à un acte de l'autorité publique la mesure la plus favorable à la guérison.

« L'isolement des aliénés est, en effet, le premier et le plus énergique des moyens de traitement; il est en même temps le plus urgent: un retard de quelques jours peut aggraver le mal au point d'en rendre la guérison quelquefois impossible, toujours beaucoup plus difficile. Ce retard résulterait nécessairement de l'obligation de recourir préalablement au Préfet.

« Pourquoi exposer à ce danger tous les malheureux dont la raison se sera égarée? Si l'on signalait des atteintes déjà portées par ce moyen à la liberté individuelle, nous hésiterions encore à adopter la mesure proposée; car, pour protéger quelques hommes contre de coupables tentatives, elle menace tous les aliénés, sacrifiant ainsi la santé de tous à la liberté de quelques-uns; mais, dans la plus grande partie de la France, à Paris notamment, où les mauvais projets peuvent si aisément se cacher dans l'ombre, les familles sont admises aujourd'hui à effectuer librement des placements dans les établissements d'aliénés. Ces établissements sont visités avec soin; on ne cite aucun exemple de séquestrations fondées sur une aliénation mentale supposée; les tribunaux donnent accès à toutes les plaintes: de pareils faits auraient retenti bien haut s'ils eussent été traduits devant eux, les feuilles publiques les eussent enregistrés avec empressement. Qui se rappelle aucun procès où ces coupables abus avaient été dénoncés? La liberté individuelle n'est donc pas menacée; aucun motif ne rend nécessaire l'établissement d'une formalité nouvelle.

« Qu'on ne suppose pas, d'ailleurs, que la liberté individuelle manque de garanties. Une famille ne se détermine pas facilement à porter la main sur la liberté d'un de ses membres. Avec des établissements qui présenteront toutes les garanties que nous exigeons, comment prévoir une admission qui, dépourvue de cause, constituerait un crime puni par les lois? il faudrait une complicité qui ne peut se supposer. L'admission se fût-elle effectuée sans motif, on ne pourrait espérer que le séjour dans l'établissement fût long; alors quel profit apporterait-il aux auteurs de l'attentat, et, s'il ne doit point leur servir, dans quel but s'exposeraient-ils aux peines portées contre les coupables de détention arbitraire?

« Dans l'intérêt même de la liberté individuelle, l'autorisation préalable du Préfet ne doit pas être exigée. Les familles, maîtresses d'effectuer elles-mêmes le placement, demeurent chargées de toute la responsabilité de cet acte, elles en sont seules comptables à la justice du pays. Si, au contraire, le Préfet a donné son autorisation, la responsabilité de la famille disparaît et passe tout entière à l'administration. Or, croit-on qu'il serait toujours impossible de surprendre cette autorisation dans les cas où la séquestration serait effectuée dans de coupables vues?

« Votre commission vous propose, en conséquence, de rejeter la disposition qui exigeait l'autorisation préalable du Préfet; elle y a substitué des formalités empruntées en partie à l'ordonnance de police du 9 août 1828, qui s'exécute encore à Paris.

« Lorsqu'une personne est placée dans un établissement d'aliénés, il faut que la responsabilité de cet acte pèse sur quelqu'un, et qu'il soit toujours permis, en cas d'abus, d'atteindre les coupables. A cet effet, la personne qui fait effectuer le placement doit être connue et désignée; elle sera tenue de se déclarer, de signer une demande d'admission dans l'établissement, et de laisser ainsi un témoignage authentique de sa participation.

« On craint que la liberté individuelle ne soit compromise par la supposition d'un état de folie qui n'existerait pas. Un certificat de médecin devra être produit avant l'admission pour constater l'état mental de la personne dont le placement sera demandé, pour retracer les particularités de la maladie et ses causes, si elles sont connues.

« Enfin il sera fait remise des pièces propres à justifier l'individualité de la personne présentée à l'admission, et si elle est interdite, il en sera justifié par un extrait du jugement.

« Un bulletin d'entrée constatera l'admission et fera mention de toutes les pièces produites; ce bulletin sera envoyé avec un certificat du médecin de l'établissement au Préfet, soit directement, soit par l'intermédiaire des autorités inférieures, selon les cas.

« On a fait remarquer que l'intention était

écrire, elle sera reçue par le Maire ou le commissaire de police, qui en donnera acte (1).

Les chefs, préposés ou directeurs, devront s'assurer, sous leur responsabilité, de l'individualité de la per-

---

que, même dans les établissements publics, on pût effectuer des placements volontaires, c'est-à-dire que des personnes qui désirent faire séquestrer l'aliéné qu'elles présentent, moyennant pension, pussent y faire admettre cet aliéné sans se pourvoir auparavant de la permission ou de l'ordre du Préfet. Je crains, a dit M. Fumeron d'Ardeuil, que cela n'entraîne beaucoup d'inconvénients; car les places dont on peut disposer se trouveraient ainsi occupées. C'est une chose, il me semble, assez étrange, qu'un établissement départemental créé aux frais du département, entretenu aux frais du département, soit ainsi accessible à tout le monde, sans que le chef du département soit consulté. »

M. le Rapporteur : « Nous disons qu'on aura le droit de présenter les aliénés dans les établissements; mais nous ne disons pas que ces établissements seront tenus de les recevoir. Il faudra être dans les termes des règlements de ces établissements, dans les conditions au moyen desquelles on peut y être admis. »

M. le Ministre de l'Intérieur a ajouté : « Lorsque la loi sera mise à exécution, il sera pourvu à toutes ces difficultés.

« Aux termes de l'art. 7, que vous avez déjà voté, les établissements publics sont mis sous la direction absolue du Ministre de l'Intérieur, quant au régime intérieur. Les instructions seront données, elles ne peuvent entrer dans la loi; il peut arriver qu'un établissement soit plus ou moins encombré, mais le raisonnement est très-simple.

« Il y a des aliénés qu'on doit séquestrer, ce sont ceux qui troublent l'ordre public ou la sûreté des personnes; ils doivent être sous la surveillance spéciale du Gouvernement.

« Pour ceux-là, l'asile doit toujours s'ouvrir; mais pour les autres, on pourra les refuser ou les admettre, cela dépendra de la situation de l'établissement; cela doit être laissé aux instructions particulières du Ministre, aux règlements de l'Administration publique. »

M. Fumeron d'Ardeuil : « Alors, c'est au Préfet et non pas aux établissements qu'il faudrait s'adresser. »

M. Vivien : « Permettez : la disposition que nous discutons n'a pas pour objet d'imposer aux établissements publics l'obligation de recevoir tous les aliénés que l'on voudrait y introduire.

« On nous parle des établissements publics : mais la question serait la même pour les établissements privés; quand on aura toutes les pièces que l'article exige, et qu'on se présentera dans un établissement privé, on pourra demander l'admission, mais elle pourra être refusée.

« C'est la même chose pour les établissements publics : ils ont leurs règles, et, d'après le règlement intérieur et l'état dans lequel ils se trouveront, ils recevront ou refuseront les personnes qui leur seront présentées.

« L'article est ainsi conçu :

« Les chefs ou préposés responsables des « établissements privés consacrés aux aliénés, « ne pourront recevoir une personne atteinte « d'aliénation mentale s'il ne leur est re- « mis, etc. »

« C'est-à-dire que, pour qu'ils puissent recevoir, il faut que les formalités prescrites dans l'article soient accomplies; mais cela ne veut pas dire que, quoique les formalités soient accomplies, ils doivent nécessairement admettre la personne qui sera présentée. »

Ce 1er paragraphe du projet disait seulement :

« Les chefs, directeurs ou préposés respon- « sables des établissements publics ou privés. »

Ce changement de rédaction est ainsi expliqué dans le rapport de la Commission de la Chambre des Députés en 1838.

« L'indication des personnes placées à la tête des établissements d'aliénés et sur lesquelles pèsent les diverses obligations imposées par la loi, a été modifiée de manière à faire comprendre que tout établissement privé doit avoir un directeur autorisé en exécution de l'art. 5. Les établissements publics, seuls, pourront employer des préposés responsables; la forme de leur organisation intérieure l'exige souvent, et la dépendance où ils sont de l'autorité publique, rend cette faculté sans inconvénient. Quant aux autres établissements, nous ne voulons pas que la responsabilité puisse être éludée, que des prête-noms officieux soient proposés à l'autorité, et nous faisons porter les obligations établies par la loi sur les directeurs exclusivement. »

(1) Le projet exigeait que la demande fût *visée par le Maire ou le commissaire de police.* La Chambre a supprimé cette formalité comme inutile. Le meilleur moyen d'obtenir que l'individualité soit constatée, a-t-on dit, c'est de charger le chef de l'établissement de s'en assurer sous sa responsabilité.

sonne qui aura formé la demande, lorsque cette demande n'aura pas été reçue par le Maire ou le commissaire de police.

Si la demande d'admission est formée par le tuteur d'un interdit, il devra fournir, à l'appui, un extrait du jugement d'interdiction;

2°. Un certificat de médecin constatant l'état mental de la personne à placer, et indiquant les particularités de sa maladie et la nécessité de faire traiter la personne désignée dans un établissement d'aliénés, et de l'y tenir renfermée (1).

Ce certificat ne pourra être admis, s'il a été délivré plus de quinze jours avant sa remise au chef ou directeur; s'il est signé d'un médecin attaché à l'établissement, ou si le médecin signataire est parent ou allié, au second degré inclusivement, des chefs ou propriétaires de l'établissement, ou de la personne qui fera effectuer le placement (2).

En cas d'urgence, les chefs des établissements publics pourront se dispenser d'exiger le certificat du médecin (3).

3°. Le passe-port ou toute autre pièce propre à constater l'individualité de la personne à placer.

Il sera fait mention de toutes les pièces produites dans un bulletin d'entrée, qui sera renvoyé, dans les vingt-quatre heures, avec un certificat du médecin de l'établissement, et la copie de celui ci-dessus mentionné, au Préfet de police à Paris, au Préfet et au Sous-Préfet dans les Communes chefs-lieux de département ou d'arrondissement, et aux Maires dans les autres Communes. Le Sous-Préfet, ou le Maire, en fera immédiatement l'envoi au Préfet.

9. Si le placement est fait dans un établissement privé, le Préfet, dans les trois jours de la réception du bulletin, chargera un ou plusieurs hommes de l'art de visiter la personne désignée dans ce bulletin, à l'effet de constater son état mental et d'en faire rapport sur-le-champ. Il pourra leur adjoindre telle autre personne qu'il désignera.

10. Dans le même délai, le Préfet notifiera administrativement les noms, profession et domicile, tant de la personne placée, que de celle qui aura demandé le placement, et les causes du placement: 1° au procureur du Roi de l'arrondissement du domicile de la per-

(1) Il n'est pas nécessaire que le certificat indique les causes de la maladie. Cette disposition a été supprimée dans le projet, par la raison que « les causes de l'aliénation doivent quelquefois demeurer secrètes; elles peuvent être de nature à compromettre l'honneur de la famille. »

(2e rapport de M. Vivien).

Voyez l'art. 41.

(2) On a fait remarquer que le délai de quinze jours pourrait n'être pas suffisant.

M. Vivien a répondu que, dans le cas d'urgence, le certificat du médecin ne serait pas nécessaire.

Mais on a insisté en disant, avec raison, que lorsqu'on conduirait un aliéné dans un établissement éloigné de son domicile, il n'y aurait pas urgence pour cela, et cependant les quinze jours pourraient ne pas suffire.

On a aussi dit que le directeur d'un établissement pourrait ignorer les rapports de parenté entre le médecin signataire du certificat et la personne qui fera effectuer le placement.

Mais la loi n'a pu statuer sur ces cas extraordinaires, les mesures qu'elle prescrit seront presque toujours utilement observées; il ne convenait pas de s'arrêter à des situations tout à fait exceptionnelles.

(3) Si, dans le cas d'urgence, on est dispensé de présenter un certificat de médecin au moment du placement, ce certificat doit être produit ensuite, puisqu'aux termes de l'art. 12, il doit être transcrit sur le registre de l'établissement. M. *Gaëtan de la Rochefoucauld et M. le président de la Chambre des Députés* en ont fait l'observation.

sonne placée; 2° au procureur du Roi de l'arrondissement de la situation de l'établissement : ces dispositions seront communes aux établissements publics et privés.

11. Quinze jours après le placement d'une personne dans un établissement public ou privé, il sera adressé au Préfet, conformément au dernier paragraphe de l'article 8, un nouveau certificat du médecin de l'établissement; ce certificat confirmera ou rectifiera, s'il y a lieu, les observations contenues dans le premier certificat, en indiquant le retour plus moins fréquent des accès ou des actes de démence (1).

12. Il y aura, dans chaque établissement, un registre coté et paraphé par le Maire, sur lequel seront immédiatement inscrits les noms, profession, âge et domicile des personnes placées dans les établissements, la mention du jugement d'interdiction, si elle a été prononcée, et le nom de leur tuteur; la date de leur placement, les noms, profession et demeure de la personne, parente ou non parente, qui l'aura demandé. Seront également transcrits sur ce registre : 1° le certificat du médecin, joint à la demande d'admission; 2° ceux que le médecin de l'établissement devra adresser à l'autorité, conformément aux articles 8 et 11.

Le médecin sera tenu de consigner sur ce registre, au moins tous les mois, les changements survenus dans l'état mental de chaque malade. Ce registre constatera également les sorties et les décès.

Ce registre sera soumis aux personnes qui, d'après l'article 4, auront le droit de visiter l'établissement, lorsqu'elles se présenteront pour en faire la visite; après l'avoir terminée, elles apposeront sur le registre leur visa, leur signature et leurs observations, s'il y a lieu (2).

13. Toute personne placée dans un établissement d'aliénés cessera d'y être retenue aussitôt que les médecins de l'établissement auront déclaré, sur le registre énoncé en l'article précédent, que la guérison est obtenue.

S'il s'agit d'un mineur ou d'un interdit, il sera donné immédiatement avis de la déclaration des médecins aux personnes auxquelles il devra être remis, et au procureur du Roi (3).

14. Avant même que les médecins

---

(1) Voyez l'art. 41.

(2) Cet article n'exige point la transcription sur le registre dont il s'agit, de l'acte constatant l'individualité de l'aliéné.

Comment expliquer ce silence? L'art. 8 donne cependant à la production de cet acte le même caractère qu'aux deux productions qui précèdent; son texte attribue à l'absence de cette pièce le même effet qu'au défaut d'exhibition, soit de la demande d'admission, soit du certificat du médecin. Pourquoi donc, lorsqu'il veut que cette demande et ce certificat soient transcrits sur un registre, laisse-t-il en dehors de cette formalité le passe-port dont l'importance se trouve placée par la loi au même rang que les deux autres pièces?

Je crois que la cause de cette exception est un oubli. En effet, dans le projet, l'art. 8 ne faisait point mention du passe-port de l'aliéné, il a été ajouté dans le cours de la discussion sans qu'on y ait attaché une grande importance, et c'est ce qui a fait que l'harmonie primitive entre l'art. 12 et l'art. 8 a été détruite sans que cela ait été remarqué.

Au surplus, cette exception tendrait à prouver que le défaut de production d'un passe-port de l'aliéné ne devrait point, comme l'absence des deux actes précédents, empêcher l'admission dans l'établissement. Car si le chef de l'établissement n'avait pas dû recevoir un aliéné sans la production de cette pièce, on ne concevrait pas que le registre qui doit constater que toutes les formalités pour l'admission ont été remplies, négligeât de constater celle-ci.

Voyez l'art. 41.

(3) Il est bien entendu que, pour faire cesser l'interdiction, il faudra d'ailleurs suivre

aient déclaré la guérison, toute personne placée dans un établissement d'aliénés cessera également d'y être retenue, dès que la sortie sera requise par l'une des personnes ci-après désignées, savoir :

1°. Le curateur nommé en exécution de l'article 38 de la présente loi;

2°. L'époux ou l'épouse;

3°. S'il n'y a pas d'époux ou d'épouse, les ascendants;

4°. S'il n'y a pas d'ascendants, les descendants (1);

5°. La personne qui aura signé la demande d'admission, à moins qu'un parent n'ait déclaré s'opposer à ce qu'elle use de cette faculté sans l'assentiment du Conseil de famille (2);

6°. Toute personne à ce autorisée par le Conseil de famille.

S'il résulte d'une opposition notifiée au chef de l'établissement par un ayant droit, qu'il y a dissentiment, soit entre les ascendants, soit entre les descendants, le Conseil de famille prononcera.

Néanmoins, si le médecin de l'établissement est d'avis que l'état mental du malade pourrait compromettre l'ordre public ou la sûreté des personnes, il en sera donné préalablement connaissance au Maire, qui pourra ordonner immédiatement un sursis provisoire à la sortie, à la charge d'en référer, dans les vingt-quatre heures, au Préfet. Ce sursis provisoire cessera de plein droit à l'expiration de la quinzaine, si le Préfet n'a pas, dans ce délai, donné d'ordres contraires, conformément à l'article 21 ci-après. L'ordre du Maire sera transcrit sur le registre tenu en exécution de l'article 12.

En cas de minorité ou d'interdiction, le tuteur pourra seul requérir la sortie (3).

15. Dans les vingt-quatre heures de la sortie, les chefs, préposés ou directeurs en donneront avis aux fonctionnaires désignés dans le dernier paragraphe de l'art. 8, et leur feront connaître le nom et la résidence des personnes qui auront retiré le malade, son état mental au moment de sa sortie, et, autant que possible, l'indication du lieu où il aura été conduit (4).

---

les formes prescrites par le Code civil. Voyez art. 512.

Autre chose est la cessation de la séquestration; autre chose, la cessation de l'interdiction.

Voyez le dernier alinéa de l'art. 14, l'art. 17 et l'art. 41.

(1) Ainsi, les frères et sœurs n'ont pas le droit absolu d'obtenir la sortie sans autorisation du Conseil de famille; cela résulte du silence de la loi et d'un vote formel à ce sujet par la Chambre des Députés.

(2) La Commission disait dans son rapport : « Nous avons cru devoir aussi retrancher du nombre de ceux qui étaient autorisés à provoquer la sortie, la personne qui aura demandé l'admission. Si cette personne est assez proche parente de l'aliéné, elle agira à ce titre; si elle lui est étrangère, nous ne saurions lui reconnaître aucun droit sans une autorisation du Conseil de famille. »

La rédaction actuelle ne permet pas d'adopter cette interprétation. Selon la Commission, il fallait une autorisation du Conseil de famille, dans tous les cas; d'après le texte, elle n'est nécessaire qu'autant qu'un parent la provoque par son opposition.

(3) Toutes les fois que la loi parle des mineurs, elle les suppose pourvus de tuteurs. Cependant, il peut arriver très-souvent qu'ils n'en aient pas. La grande cause de l'aliénation mentale, c'est assurément la misère; or, bien rarement, les malheureux orphelins qui en seront atteints seront mis en tutelle; leur misérable condition les fera complétement délaisser. Alors qu'ils seront sans fortune, personne ne voudra se charger de l'administration de leurs personnes, ou du moins ce sera sans remplir les formalités légales pour la nomination du tuteur. Eh bien, dans le cas où ils se trouveront ainsi sans tuteur, qui fera les actes que la loi attribue à celui-ci?

Je crois que les parents agiront comme s'il s'agissait d'un majeur.

Voyez art. 17 et 29.

(4) Voyez l'art. 41.

16. Le Préfet pourra toujours ordonner la sortie immédiate des personnes placées volontairement dans les établissements d'aliénés.

17. En aucun cas l'interdit ne pourra être remis qu'à son tuteur, et le mineur, qu'à ceux sous l'autorité desquels il est placé par la loi (1).

SECTION II. — *Des placements ordonnés par l'autorité publique.*

18. A Paris, le Préfet de police, et, dans les départements, les Préfets ordonneront d'office le placement, dans un établissement d'aliénés, de toute personne interdite, ou non interdite, dont l'état d'aliénation compromettrait l'ordre public ou la sûreté des personnes.

Les ordres des Préfets seront motivés et devront énoncer les circonstances qui les auront rendus nécessaires. Ces ordres, ainsi que ceux qui seront donnés conformément aux art. 19, 20, 21 et 23, seront inscrits sur un registre semblable à celui qui est prescrit par l'art. 12 ci-dessus, dont toutes les dispositions seront applicables aux individus placés d'office.

19. En cas de danger imminent, attesté par le certificat d'un médecin ou par la notoriété publique, les commissaires de police à Paris, et les Maires dans les autres communes, ordonneront, à l'égard des personnes atteintes d'aliénation mentale, toutes les mesures provisoires nécessaires, à la charge d'en référer dans les vingt-quatre heures au Préfet, qui statuera sans délai.

20. Les chefs, directeurs ou préposés responsables des établissements, seront tenus d'adresser aux Préfets, dans le premier mois de chaque semestre, un rapport rédigé par le médecin de l'établissement sur l'état de chaque personne qui y sera retenue, sur la nature de sa maladie et les résultats du traitement.

Le Préfet prononcera sur chacune individuellement, ordonnera sa maintenue dans l'établissement ou sa sortie (2).

21. A l'égard des personnes dont le placement aura été volontaire, et dans le cas où leur état mental pourrait compromettre l'ordre public ou la sûreté des personnes, le Préfet pourra, dans les formes tracées par le deuxième paragraphe de l'art. 18, décerner un ordre spécial, à l'effet d'empêcher qu'elles ne sortent de l'établissement sans son autorisation, si ce n'est pour être placées dans un autre établissement.

Les chefs, directeurs ou préposés responsables, seront tenus de se conformer à cet ordre (3).

22. Les procureurs du Roi seront informés de tous les ordres donnés en vertu des art. 18, 19, 20 et 21.

Ces ordres seront notifiés au Maire du domicile des personnes soumises au placement, qui en donnera immédiatement avis aux familles.

Il en sera rendu compte au Ministre de l'Intérieur.

Les diverses notifications prescrites par le présent article seront faites dans les formes et délais énoncés en l'article 10.

---

(1) « Il s'agit ici de sorties volontairement effectuées, a dit M. Vivien, et dans lesquelles la Justice n'a rien prononcé.

« Si elle intervient, les sentences rendues seront exécutées selon leur teneur. » Voyez art. 13 et 14 et l'art. 41.

(2) La Commission de la Chambre des Pairs proposait d'ajouter : « Il pourra prescrire une visite spéciale par un ou plusieurs médecins de son choix, et leur adjoindra, s'il le juge à propos, telle autre personne qu'il désignera. »

M. le Ministre de l'Intérieur a fait remarquer qu'il était inutile de dire ce qui résulte nécessairement de l'art. 4, qui charge le Préfet ou ses délégués de visiter les maisons d'aliénés.

(3) Voyez l'art. 41.

23. Si, dans l'intervalle qui s'écoulera entre les rapports ordonnés par l'article 20, les médecins déclarent, sur le registre tenu en exécution de l'article 12, que la sortie peut être ordonnée, les chefs, directeurs ou préposés responsables des établissements, seront tenus, sous peine d'être poursuivis conformément à l'art. 30 ci-après, d'en référer aussitôt au Préfet, qui statuera sans délai.

24. Les hospices et hôpitaux civils seront tenus de recevoir provisoirement les personnes qui leur seront adressées en vertu des articles 18 et 19, jusqu'à ce qu'elles soient dirigées sur l'établissement spécial destiné à les recevoir, aux termes de l'article 1er, ou pendant le trajet qu'elles feront pour s'y rendre.

Dans toutes les Communes où il existe des hospices ou hôpitaux, les aliénés ne pourront être déposés ailleurs que dans ces hospices ou hôpitaux. Dans les lieux où il n'en existe pas, les Maires devront pourvoir à leur logement, soit dans une hôtellerie, soit dans un local loué à cet effet.

Dans aucun cas, les aliénés ne pourront être ni conduits avec les condamnés ou les prévenus, ni déposés dans une prison.

Ces dispositions sont applicables à tous les aliénés dirigés par l'Administration sur un établissement public ou privé (1).

SECTION III. — *Dépenses du service des aliénés.*

25. Les aliénés dont le placement aura été ordonné par le Préfet, et dont les familles n'auront pas demandé l'admission dans un établissement privé, seront conduits dans l'établissement appartenant au département, ou avec lequel il aura traité.

Les aliénés dont l'état mental ne compromettrait point l'ordre public ou la sûreté des personnes, y seront également admis, dans les formes, dans les circonstances et aux conditions qui seront réglées par le Conseil général, sur la proposition du Préfet, et approuvées par le Ministre (2).

26. La dépense du transport des personnes dirigées par l'Administration sur les établissements d'aliénés sera arrêtée par le Préfet sur le mémoire des agents préposés à ce transport.

La dépense de l'entretien, du séjour et du traitement des personnes placées dans les hospices ou établissements publics d'aliénés sera réglée d'après un tarif arrêté par le Préfet.

La dépense de l'entretien, du séjour et du traitement des personnes placées, par les départements, dans les établisse-

(1) M. le rapporteur de la Commission de la Chambre des Pairs expliquait ainsi le sens de la disposition : « Quand l'aliéné voyage, il doit voyager comme un malade. S'il y a un hospice dans le lieu où il séjourne, cet hospice doit lui être ouvert. S'il n'en existe point, le Maire, dans un intérêt d'ordre et de charité, doit pourvoir à son logement. Il le placera dans une auberge ou dans un lieu qu'il louera à cet effet. La Commission n'a pas entendu, comme paraît le croire le préopinant, que l'on serait obligé d'avoir pour cela un local loué à l'année. Il ne s'agit le plus souvent, remarquez-le bien, que de loger l'aliéné pour une seule nuit, pour le moment de son passage. Sera-t-il donc si difficile de lui trouver, pour si peu de temps, un toit hospitalier ? N'y aura-t-il pas toujours quelque chambre que l'on pourra louer ? Enfin, dans un cas de dénûment absolu que l'on ne saurait prévoir, ne pourrait-on pas disposer pour une nuit de la maison d'école. Est-il donc impossible de combiner les étapes de manière à ce qu'elles n'aient lieu que dans des villes ou des bourgs où il sera facile de procurer un asile à l'aliéné ? Croyez-le, messieurs, en prescrivant qu'il ne pourra jamais être placé dans une prison, vous ne demanderez point l'impossible ; l'humanité des magistrats municipaux secondera vos desseins, et rendra toujours facile ou possible l'exécution de la loi. »

Voyez la circulaire du Ministre de l'Intérieur, du 18 septembre 1838.

(2) Voyez notes sur l'art. 1er.

ments privés sera fixé, par les traités passés par le département, conformément à l'article 1er.

27. Les dépenses énoncées en l'article précédent seront à la charge des personnes placées; à défaut, à la charge de ceux auxquels il peut être demandé des aliments, aux termes des articles 205 et suivants du Code civil.

S'il y a contestation sur l'obligation de fournir des aliments, ou sur leur quotité, il sera statué par le Tribunal compétent, à la diligence de l'administrateur désigné en exécution des articles 31 et 32 (1).

Le recouvrement des sommes dues sera poursuivi et opéré à la diligence de l'Administration de l'enregistrement et des domaines (2).

28. A défaut, ou en cas d'insuffisance des ressources énoncées en l'article précédent, il y sera pourvu sur les centimes affectés, par la loi des finances, aux dépenses ordinaires du département auquel l'aliéné appartient, sans préjudice du concours de la Commune du domicile de l'aliéné, d'après les bases proposées par le Conseil général sur l'avis du Préfet, et approuvées par le Gouvernement (3).

---

(1) Quel est le Tribunal compétent?

Dans le projet, l'expression *Tribunal* se trouvait isolée. Un membre de la Chambre des Pairs le fit remarquer. « On entend, dit-il, ordinairement par cette expression le Tribunal de 1re instance. Je rappellerai que, dans la loi que nous avons votée sur les justices de paix, on a attribué pour l'avenir aux juges de paix le droit de statuer sur les aliments. Comme cette loi sera votée avant celle-ci, je crois que, pour prévenir toute difficulté, il conviendrait de dire: *par le Tribunal compétent*, ou *par la Justice.* »

M. le Rapporteur: « La justice de paix est un véritable Tribunal. »

M. le baron Pelet (de la Lozère): « En mettant le Tribunal compétent il n'y aura pas matière à douter. »

(2) Il a été expliqué à la Chambre des Députés, que ce recouvrement serait fait conformément à la loi de la perception d'impôt. « Ce n'est que pour arriver à l'emploi des formes usitées par l'Administration de l'enregistrement et des domaines, qu'elle a été chargée d'opérer le recouvrement, » a dit M. le Rapporteur.

Ainsi, si la personne ne veut pas payer, le payement sera poursuivi par voie de contrainte devant le Tribunal compétent.

(3) Cet article a été l'objet d'un sérieux examen de la part des deux Chambres et de leurs Commissions. Je crois qu'il est utile, afin que la disposition soit bien comprise, de présenter une analyse exacte de la discussion.

Le Gouvernement disait:

« A défaut, ou en cas d'insuffisance des ressources énoncées en l'article précédent, il « sera pourvu à cette dépense sur les centimes « variables du département, sans préjudice du « concours de la Commune du domicile des « aliénés et des hospices, d'après les bases « proposées par le Conseil général sur l'avis « du Préfet et approuvées par le Gouvernement. »

La Commission de la Chambre des Députés pensa que les hospices ne devaient point être forcés à concourir d'une manière absolue à la dépense; la Chambre adopta cette opinion; les mots *et des hospices* furent supprimés. Voyez § 2 et 3, et les notes. Voici dans quels termes M. le Rapporteur de la Commission s'exprimait sur l'ensemble de la disposition:

« En l'absence de ces ressources privées, la dépense sera supportée par le département, et le Conseil général pourra obliger les Communes à y concourir avec lui, d'après les bases qu'il aura proposées. Cette disposition a été l'occasion d'une assez longue discussion dans le sein de la Commission: on exprimait l'avis que la dépense des aliénés est communale par sa nature; qu'ainsi elle devrait être mise d'abord à la charge des Communes, sur leurs revenus libres, et que le département ne devait être appelé à y pourvoir que subsidiairement et en cas d'insuffisance des ressources communales; on soutenait, en outre, qu'il n'était pas dans les attributions du Conseil général d'imposer ainsi une dépense aux Communes, et que la répartition en devrait, en tous cas, être attribuée au Préfet en Conseil de Préfecture. La majorité de la Commission a pensé que la dépense des aliénés devait être supportée, selon les formes indiquées au projet, par les départements et les Communes; cette dépense est trop inégalement répartie et trop considérable pour pouvoir peser entière-

Les hospices seront tenus à une in- | demnité proportionnée au nombre des

ment sur les Communes; elle absorberait tout le revenu de quelques-unes, tandis que d'autres en seraient entièrement affranchies; en exceptant celles qui n'ont aucun revenu disponible, on commettrait une autre injustice, et l'on serait exposé à grever le département de l'obligation d'entretenir tous les indigents que ces Communes feraient recevoir comme aliénés, dégagées qu'elles seraient de toute part de la dépense.

« La loi ne peut pas poser une règle générale, applicable à tous les départements, à toutes les Communes dont la position varie à l'infini. C'est aux Conseils généraux qu'il doit être réservé de déterminer les bases applicables à chaque portion du territoire; eux seuls peuvent apprécier convenablement les diverses situations qui devront influer sur le partage de la dépense; le Gouvernement, dont l'approbation doit intervenir ensuite, corrigera les erreurs qu'ils pourront commettre. La disposition dont il s'agit a déjà pris place dans la dernière loi des finances, elle n'a été l'objet d'aucune réclamation sérieuse, et nous proposons à la Chambre de persister dans ce qu'elle a déjà arrêté.

« La disposition qui autorise les Conseils généraux à imposer aussi aux hospices la nécessité de concourir à la dépense, ne nous a point paru acceptable. Quand les hospices reçoivent des subventions de la Commune, cette disposition est sans objet, car la Commune serait tenue de leur restituer ce qu'ils auraient payé pour les aliénés, et il est plus simple de le lui demander directement. Quand les hospices se suffisent à eux-mêmes, ils constituent des établissements propres, qui ont une existence indépendante, et sur lesquels le Conseil général est dépourvu d'autorité. Il n'y a qu'un cas où ils puissent être l'objet d'un recours; c'est celui où ils se trouveraient soulagés d'une dépense à leur charge, par l'admission, dans un établissement spécial, d'un aliéné qu'ils étaient obligés d'entretenir ou de traiter. Dans ce cas, il est juste qu'ils payent une indemnité proportionnée au bénéfice qu'ils obtiennent. Ils la doivent, non comme un tribut arbitrairement imposé, mais comme une restitution véritable, et, en cas de contestation, la matière est contentieuse, car il s'agit du règlement d'un droit; elle doit donc être soumise à la juridiction du Conseil de Préfecture. Ces principes nous ont paru certains et ont dicté les nouvelles dispositions introduites dans l'art. 19 du projet »

La nouvelle rédaction de la Commission fut adoptée, et elle a reçu plusieurs explications à la Chambre des Pairs.

On demanda, en premier lieu, si, en cas d'épuisement des centimes variables, une partie des dépenses des aliénés pourrait être prise sur les centimes facultatifs. On proposait, en cas d'affirmative, de remplacer ces mots, *centimes variables*, par cette expression générique, *fonds départementaux*.

M. le Ministre de l'Intérieur et la Commission déclarèrent adhérer à l'amendement, en substituant toutefois à l'expression *fonds départementaux*, celle-ci : *fonds du département*. « Ainsi, dit M. le Rapporteur, la dépense portera d'abord sur les centimes variables, et, en cas d'insuffisance, sur les centimes facultatifs. En indiquant que la dépense sera prélevée sur les *fonds départementaux*, il ne saurait exister de difficulté. »

En conséquence de ces explications, la rédaction de la Commission fut maintenue.

On proposa, en second lieu, de dire : « Sans préjudice du concours de la Commune de son domicile *de secours*. »

Et l'on faisait remarquer que ce domicile est ainsi défini par le décret du 24 vend. an II, tit. 5, art. 1er. « Le domicile de secours est le « lieu où l'homme nécessiteux a droit aux se- « cours publics. »

M. le Rapporteur de la Commission soutint que cette addition était surabondante. « D'ailleurs, dit-il, nous devons ajouter que, dans la pratique, la disposition est interprétée dans le sens de l'amendement. »

Le Gouvernement l'accueillit, au contraire. « Je crois, dit M. le Ministre de l'Intérieur, qu'il est nécessaire de mettre dans l'article *domicile de secours*, à cause des difficultés qui peuvent s'élever dans l'application. La jurisprudence, à cet égard, est établie, mais n'est au moyen de circulaires ministérielles; peut-être vaudrait-il mieux le dire expressément dans la loi. »

L'amendement fut adopté. S'il n'existe plus dans la loi, c'est que la Chambre des Députés a pensé, comme lors de sa première discussion, qu'il était surabondant. Il a été retranché comme tel.

La Commission de la Chambre des Députés voulait que, pour ce qui regarde le concours des Communes, toute latitude fût laissée au Conseil général, et qu'il pût imposer ou toutes les Communes ou quelques-unes seulement. « Le projet, disait son Rapporteur en 1838, propose de déclarer qu'une partie de la dépense sera nécessairement imposée à la Com-

aliénés dont le traitement ou l'entretien était à leur charge, et qui seraient placés dans un établissement spécial d'aliénés (1).

mune du domicile *de secours* de l'aliéné. Nous avons retranché cette expression. Le domicile *de secours* n'est pas assez clairement défini par la loi; cette désignation se rattache d'ailleurs à un système qui a cessé d'être appliqué. Mais, surtout, nous pensons qu'on doit, à cet égard, laisser toute latitude au Conseil général. Nous nous bornons à dire qu'une portion de la dépense sera mise à la charge des Communes. Selon les cas, le Conseil général imposera ou toutes les Communes ou quelques-unes seulement, d'après leur opulence et leurs ressources, ou celles du domicile des aliénés : nous lui laissons la faculté de peser les circonstances et de se déterminer en conséquence. »

Ce système, combattu par le Gouvernement, a été repoussé par la Chambre.

Au surplus, voyez la circulaire ministérielle du 23 juillet 1838.

(1) Ce paragraphe ni le troisième n'étaient dans le projet; mais le mot *hospices*, qui se trouvait dans le paragraphe 1er, en contenait pour ainsi dire le germe.

Voyez la note précédente.

Une longue discussion a précédé, dans les deux Chambres, l'adoption de ces paragraphes; de nombreuses questions sur leur sens et leur portée ont été adressées au Ministre de l'Intérieur et aux Rapporteurs, soit à la Chambre des Pairs, soit à celle des Députés. Les réponses, elles mêmes, ont fait naître de nouvelles questions et de plus nombreuses difficultés.

M. Bourdeau a demandé quel sera, pour les hôpitaux qui n'ont pas la charge personnelle du traitement des aliénés, le concours à l'indemnité.

« Je demande ensuite, a continué l'orateur, ce que signifie un établissement spécial d'aliénés? Y aura-t-il des établissements différents suivant le genre de folie?....

« Quant à la contribution, voilà ce qui se passe pour les enfants trouvés. Ces dépenses sont supportées par le département, sur les dépenses variables, et la loi dit que les départements pourvoient à l'excédant de cette dépense par les centimes facultatifs, indépendamment du concours des Communes et des hospices. Toutes les fois que les Conseils généraux ont été appelés à demander le concours des Communes et des hospices, il s'est élevé une grande difficulté relativement aux hospices, qui ont ordinairement des fonds insuffisants pour leur entretien. Comment leur retirerez-vous les ressources déjà insuffisantes pour les malades ordinaires, pour les affecter à des malades destinés à des établissements spéciaux? Voilà des difficultés sur lesquelles je demande à M. le Ministre quelques explications. »

M. le Ministre de l'Intérieur a répondu :
« Je dirai d'abord que le Gouvernement et la Commission ont entendu, par établissements spéciaux, les établissements publics d'aliénés, ou les établissements privés avec lesquels les départements auraient pris des arrangements : voilà le véritable sens du mot *spécial*.

« Quant à la seconde explication qui m'est demandée, je dois dire qu'il a été difficile, dans beaucoup de départements, d'obtenir le concours des hospices; il y en a même où les hospices ont réclamé contre le payement d'une part quelconque. Mais les hospices peuvent se diviser en trois catégories différentes :

« 1°. Celle des hospices qui ne recevront des aliénés à aucune époque. Pour ceux-là il n'y a aucun motif de les faire contribuer.

« 2°. Celle des hospices qui existent en vertu d'un don à condition de soigner les aliénés. Il pourra arriver deux choses : ou l'hospice pourra avoir un quartier consacré aux aliénés, et alors ce sera un établissement d'aliénés; ou bien l'hospice dira : Ces aliénés ne sont plus à ma charge, je ne veux plus m'en charger. Dans ce cas, la loi a voulu qu'il ne pût se soustraire aux conditions de sa fondation.

« La troisième classe est celle qui présente le plus de difficultés; c'est celle des hospices qui sont dans l'usage de recevoir des aliénés, sans que ce soit une condition imposée formellement par les fondateurs. Pour ceux-là, nous avons cru qu'il était raisonnable de les faire contribuer à la dépense des aliénés.

« Il y a deux classes d'hospices qui devront fournir une indemnité proportionnelle.

« Maintenant ce sera le Préfet qui prendra un arrêté, d'après la décision du Conseil général, afin de régler la quotité de l'indemnité, et, s'il y a contestation, le Conseil de Préfecture statuera. Je crois que la loi donne toutes les garanties désirables. »

Quant aux dernières objections de M. Bourdeau, voici comment elles ont été réfutées :
« On a parlé de la confusion des hospices et des Communes; on a dit que cette charge des aliénés se trouvait déjà mise à la charge des Communes, qu'elle ne pourrait pas sans double emploi retomber encore à la charge des hospices; il y a erreur. Ces établissements des hospices sont communaux sous certains rap-

ports; mais les budgets, l'affectation des revenus, l'administration des hospices sont distincts des budgets et de l'administration des biens communaux; seulement, dans le cas où l'hospice n'aura pas assez de revenus, la Commune devra pourvoir à l'insuffisance dans l'intérêt de ses indigents malades.

« On a parlé aussi des embarras qui pourraient résulter de la résistance des Communes à subvenir en partie aux besoins des aliénés, et on a cité les résistances que des Communes avaient opposées à payer la quote-part qui leur était assignée dans la dépense des enfants trouvés; mais l'Administration a surmonté la résistance des Communes. Ensuite, les circonstances sont essentiellement différentes.

« En ce qui concerne les enfants trouvés, d'une part, la Commune, d'autre part, l'hospice et le département y subviennent. L'hospice doit fournir aux frais de layette et vêture, et aux frais intérieurs depuis le dépôt de l'enfant jusqu'à son placement en nourrice. Les Communes n'y subviennent, en partie, qu'après la délibération du Conseil général, que sur les revenus ordinaires, et jamais par des contributions extraordinaires. Le département supporte le surplus, c'est-à-dire la majeure partie de la dépense.

« En ce qui concerne les enfants trouvés, il existait une cause de résistance qui n'existera pas pour les aliénés. C'est que l'on ignore la Commune d'où viennent les enfants trouvés; et elle soutient toujours qu'elle ne doit pas supporter la dépense d'enfants trouvés qui lui sont étrangers. C'est là qu'on a éprouvé une grande résistance de la part des Communes. Cette résistance qu'on a vaincue ne se représentera pas ici, car on saura toujours d'où viennent les aliénés indigents, et dès lors, la Commune ne pourra pas se refuser à contribuer, autant que ses ressources le permettront, à leur alimentation et à leur traitement. Les principes de la matière sont que, lorsqu'un individu est aliéné, c'est sur ses propres ressources ou sur celles de sa famille qu'il doit être traité.

« S'il y a indigence, c'est la Commune qui doit y pourvoir; à défaut de la Commune, c'est le département. Les Communes se trouvent quelquefois ne pas pouvoir suffire à cette dépense; alors le département vient à leur secours. C'est ce qui s'est fait jusqu'à présent, et ce qui se fera encore. Le Préfet, de concert avec le conseil général, examinera sur le budget de la Commune s'il y a suffisance ou non dans le domicile de secours; et si le budget ne présente pas des ressources suffisantes, le département y suppléera. » (Discours de M. le baron Feutrier. *Moniteur* du 11 février 1838, p. 270, 3e col.)

Les explications de M. le Ministre de l'Intérieur ont soulevé deux questions nouvelles.

On a dit que la condition des hospices de la troisième classe, c'est-à-dire des hospices qui sont dans l'usage de recevoir des aliénés, ne pouvait motiver la charge qu'on voulait faire peser sur eux.

Relativement aux hospices chargés de soigner des aliénés en vertu de donations ou legs, on a soutenu que rien ne pouvait détruire l'obligation qui les grevait, mais qu'ils devaient avoir la faculté de l'exécuter sous la forme qui leur aurait été imposée, en obtenant, avec les précautions voulues par la loi, de conserver quelques chambres affectées spécialement aux aliénés. On ne peut, disait-on, leur reprendre la donation qu'ils ont reçue, ni les obliger de payer à un autre établissement ce qu'ils peuvent faire eux-mêmes. On a répondu que si les hospices de la première classe se soumettent à avoir un local séparé pour les aliénés, ainsi que le prescrit la loi, ils continueront à les recevoir, que rien ne sera changé à leur égard. — Que, si, au contraire, d'après les circonstances locales, d'après la spécialité de l'établissement, d'après la disposition des constructions, des préaux, il arrive que ces établissements ne puissent pas satisfaire aux prescriptions de la loi, les aliénés devront quitter l'hospice pour passer dans un établissement spécial; que, dans ce cas, l'hospice devra concourir aux dépenses des aliénés, afin que la juste balance d'intérêt soit maintenue. Car le droit nouveau ne doit rien innover dans la position des hospices, il ne doit ni les enrichir ni les appauvrir. Or, les dépenses auxquelles les hospices qui étaient dans l'usage de recevoir des aliénés, étaient entraînés par ce service cesseraient, par la mise à exécution de la loi, s'ils ne se conformaient pas à ses prescriptions; tous les hospices de cette classe refuseraient dès lors de s'y soumettre, puisqu'il résulterait pour eux de ce refus un dégrèvement plus ou moins considérable. C'est le montant de ce dégrèvement qui sera converti en indemnité au profit des établissements publics ou privés sur lesquels cette charge sera transportée.

Une réponse à peu près semblable a été faite à la seconde question. Si l'hospice, a-t-on dit, se soumet aux prescriptions de la loi, point de difficulté, rien ne l'empêche d'être fidèle à la donation; s'il ne s'y soumet pas, il ne pourra plus recevoir d'aliénés, et, dans ce cas, il ne faut pas que la donation soit divertie de sa destination. Il faut que le vœu du donateur soit rempli : il le sera, seulement dans un autre local.

Voici comment s'est exprimé M. le Ministre de l'Intérieur : « Si par hasard ces hospices ne veulent pas accepter les prescriptions de la loi, je le demande, que va-t-il arriver ? Nous déclarons, nous, que les hospices doivent perdre leurs aliénés ; et cependant vous voudriez qu'ils conservassent les fonds qui devaient pourvoir à leur traitement. Il y aurait là une très-grande injustice. Ici, je ne crains pas de le dire, c'est vous qui demandez la violation de la volonté du testateur, à moins que vous ne disiez que la fondation qui a été faite est plus forte que votre loi, que la pensée de l'homme qui, il y a deux cents ans peut-être, a fondé l'hospice dans l'état de la science et de la civilisation de son temps, doit avoir raison de votre loi, que vous faites après toutes les enquêtes de la science, après tous les progrès de la civilisation. Évidemment, vous n'êtes pas fondés à faire prévaloir la volonté présumée du donateur sur celle de la législature actuelle. Nous sommes dans le vrai, au contraire, en demandant que l'on consacre aux établissements publics ou privés, ni plus, ni moins, la somme de la fondation. »

Ces explications furent acceptées par la Chambre des Pairs, et elles indiquent l'esprit de la disposition.

Devant la Chambre des Députés, ces longs débats se sont renouvelés. La deuxième question a de nouveau été mise en discussion ; quoiqu'elle ait été résolue comme à la Chambre des Pairs, je crois utile, afin de ne laisser aucun nuage sur l'interprétation des termes de l'article, de rapporter les nouvelles explications qui ont été données.

La discussion a été ouverte par M. Vatout. On a fondé, je suppose, a-t-il dit, dans un hospice deux lits pour des aliénés. Obligerez-vous maintenant les aliénés à sortir de cet hôpital pour être transférés dans la maison où ils devront aller, et pourrez-vous, par votre loi, détruire un acte de fondation ?

« De plus, celui qui aura, il y a six mois, fondé ces deux lits, sachant que les aliénés ne seront plus traités dans cette maison, peut-il retirer son acte de fondation, ou pourrez-vous avoir le droit de vous en emparer ? C'est là, messieurs, une question très-grave, sur laquelle je prie M. le Rapporteur de vouloir bien me répondre. »

M. le Rapporteur a en effet répondu que les hospices qui se trouvent dans le cas qui vient d'être indiqué, et qui recevaient un certain nombre d'aliénés, seront soumis aux décisions prises par l'Administration. Quand la loi sera intervenue, ces hospices ne pourront continuer à traiter des aliénés qu'autant qu'ils y seront autorisés ; et si un hospice y est autorisé, il exécutera par lui-même la fondation dont il aura été l'objet. Si, au contraire, l'Administration pense que le régime de l'hospice ne lui permet pas de traiter les aliénés, elle lui refusera l'autorisation ; et comme l'hospice ne pourra pas satisfaire aux obligations qu'il aura contractées envers le fondateur, il sera tenu d'indemniser l'établissement public chargé de recevoir l'aliéné, et par conséquent d'exécuter la clause.

M. Gillon a parlé dans le même sens. « Je me garde, a-t-il dit, d'interroger l'esprit de notre loi pour des cas particuliers ou pour des espèces, comme disent les juri-consultes. Allons au fond de la disposition proposée, et cherchons à la généraliser : c'est le meilleur moyen de tracer de bonnes règles de décisions aux Conseils de Préfecture.

« Je rappelle ici le texte, *indemnité proportionnée au nombre des aliénés dont le traitement était à leur charge*. Je prie la Chambre de remarquer que c'est de ces derniers mots, *était à leur charge*, qu'il y a nécessité de bien fixer le sens. A la première lecture, il semblait que la *charge* dût être établie par le titre même de libéralité qui a donné des biens à l'hospice, ou par le titre fondamental lui-même de l'hospice ; mais il n'en est pas ainsi. La *charge* peut résulter ou des titres que je viens de rappeler, ou par l'usage, par l'habitude. Ainsi tout hospice ou hôpital qui reçoit aujourd'hui les aliénés, devra contribuer à en entretenir dans l'établissement que notre loi a pour but de fonder. Rien n'est plus juste ; il n'a pas à se plaindre. Pour lui, il n'y a pas ou il n'y a que fort peu de charges, seulement il supporte la charge d'une autre façon. Au lieu d'entretenir le malade dans son enceinte, il l'entretiendra, en payant, dans un autre édifice. La règle générale que je viens de poser comme traduction du texte de la loi est, ce me semble, admise par la Chambre. (Très-bien.) Je dis générale, et dans toute l'extension de la valeur de ce mot. Ainsi les hospices qui ne sont pas obligés par des titres écrits à soulager les aliénés, mais qui les recevraient comme tous autres individus malades de corps, ont fini par dégager leur service du service si assujettissant des aliénés ; ils ont cessé d'en recevoir, parce que déjà le département a lui-même fondé un établissement pour les malheureux. Le Conseil général est dans l'habitude, depuis plusieurs années, d'exiger de ces hospices-là une certaine somme pour aider à l'entretien de l'établissement. Ils vont être saisis par notre loi avec leur situation actuelle, c'est-à-dire que forcément ils continueront à être frappés par le Conseil général de l'obligation de payer annuellement une somme déterminée pour contribuer à l'entretien des aliénés. C'est là, je crois, comme chacun comprend le texte en discussion. » (Oui, oui.)

Puis, examinant l'espèce proposée par M. Vatout, il a dit que, dans ce cas, l'hospice, s'il n'est pas autorisé par le Gouvernement à avoir un établissement d'aliénés, tel que notre loi l'entend, sera forcé de laisser les quelques aliénés, qu'il entretient avec des fondations spéciales, sortir de son enceinte, pour les laisser passer dans un établissement régulier. « Alors, a-t-il ajouté, l'hospice aura le choix ou de laisser à cet établissement les biens donnés autrefois pour la fondation de l'entretien de ces quelques aliénés, ou de lui payer une pension pour ceux-ci. Qu'on ne se plaigne pas que c'est violer l'acte de fondation. Une loi qui traite, comme la nôtre, les intérêts les plus relevés des familles et de la société, doit se mouvoir aisément. D'autres temps sont venus qui ont exigé des mesures dont le besoin ne se faisait pas sentir à l'époque des fondations; ces mesures, notre loi les prescrit. C'est l'existence à part des établissements pour les aliénés; mais les vues des bienfaiteurs s'accompliront toujours; car les biens qu'ils ont donnés continueront à soulager les aliénés transportés ailleurs, soit que ces biens soient abandonnés en propriété, soit que sur leurs revenus soit prise la pension nécessaire. » (C'est cela. Très-bien!)

Enfin, M. le Ministre de l'Intérieur a déclaré qu'il adoptait ces explications.

Voyez à ce sujet la circulaire du 23 juillet 1838.

D'autres difficultés ont encore été soulevées.

On a dit que, de la combinaison adoptée pour faire concourir les hospices à la dépense des aliénés, il résulterait très-fréquemment que, pour le même aliéné, l'hospice et la Commune seraient appelés à concourir; qu'en effet, si un aliéné d'une ville est envoyé par le département dans un établissement d'aliénés, on appellera le concours de la ville et celui de son hospice, en sorte qu'il y aurait un prélèvement annuel établi sur l'hospice, et, en outre, le concours de la ville sans égard à ce premier prélèvement.

Pour faire disparaître ces inconvénients, l'orateur qui les signalait a proposé un amendement. Il était ainsi conçu : « L'hospice qui « aurait dû avoir à sa charge le traitement ou « l'entretien d'un aliéné placé dans un établis- « sement spécial, sera tenu de payer la dé- « pense de son entretien et de son traitement « dans cet établissement.

« Le Préfet, par un arrêté, fixera le nom- « bre d'aliénés dont la dépense peut être mise « à la charge de chaque hospice du départe- « ment, et déterminera les Communes sur la « population desquelles s'étendaient les obli- « gations de chaque hospice.

« En cas de contestation, il sera statué par « le Conseil de Préfecture. »

Cet amendement aurait remplacé les 2e et 3e paragraphes de l'art. 28.

Les observations de M. le Rapporteur l'ont fait rejeter. Le discours de M. Vivien me semble contenir un résumé très-clair et parfaitement exact des objections nombreuses qu'on a faites contre l'article et des solutions qu'elles ont reçues.

« On a pensé, a-t-il dit, qu'il peut y avoir certains cas dans lesquels une partie de la dépense faite pour les aliénés pouvait être mise à la charge des hospices. Quels sont ces cas? Ce sont ceux où les hospices sont tenus d'entretenir les aliénés. On a pensé que si la charge qui était imposée à l'hospice cessait de peser sur lui, si l'obligation qui le grevait était remplie par l'établissement public entretenu et fondé aux dépens du département, il était juste que l'hospice indemnisât le département des sacrifices que celui-ci aurait supportés à sa décharge. C'est dans ce but qu'on a introduit la disposition suivante : « Les hospices seront « tenus à une indemnité proportionnée, etc. »

Des difficultés de plusieurs natures ont été faites sur cet article.

On a demandé d'abord dans quels cas ce paragraphe serait applicable aux hospices, dans quel cas ils seraient tenus à l'indemnité.

Nous avons répondu : « L'indemnité sera due toutes les fois que l'entretien des aliénés sera à la charge des hospices, et il en sera ainsi dans le sens de la loi, non-seulement lorsqu'il y aura un titre de fondateur établissant expressément la dette, mais encore lorsque, de tout temps, l'hospice aura subvenu à cet entretien et contribué à sa dépense dans une proportion quelconque. »

On a demandé, en second lieu, à qui profiterait l'indemnité, si elle ne profiterait pas à la Commune au bénéfice de laquelle la fondation avait été faite, et si on pouvait venir demander à celle-ci de prendre part une seconde fois à la dépense des aliénés. Il a été répondu que, dans le cas où la fondation établie dans un hospice serait constituée au profit d'une Commune désignée, celle-ci ne pourrait pas être tenue de contribuer une seconde fois à la dépense des aliénés; qu'elle satisferait à

En cas de contestation, il sera statué par le Conseil de Préfecture (1).

Section IV. — *Dispositions communes à toutes les personnes placées dans les établissements d'aliénés.*

29 (2). Toute personne placée ou retenue dans un établissement d'aliénés, son tuteur, si elle est mineure, son curateur, tout parent ou ami, pourront, à quelque époque que ce soit, se pourvoir devant le Tribunal du lieu de la situation de l'établissement, qui, après les vérifications nécessaires, ordonnera, s'il y a lieu, la sortie immédiate (3).

Les personnes qui auront demandé

---

sa dette en disant au département : « Voici un aliéné qui a son domicile sur mon territoire, vous subviendrez à son entretien en recueillant le bénéfice de la fondation, c'est-à-dire les moyens suffisants pour y faire face. »

On a demandé, en troisième lieu, dans quel ordre seraient exercés les divers recours établis par l'art. 28; si on s'adresserait d'abord à la Commune, ou si on commencerait par les hospices.

Il a été répondu qu'il y aurait deux ordres de réclamations à intenter; que les unes étaient fondées sur un concours discrétionnaire qui pourrait être imposé aux Communes par le Conseil général; que les autres, au contraire, reposaient sur une véritable dette, sur une obligation formelle, et que celles-là devaient toujours être exigées; que, conséquemment, quand il s'agirait de subvenir à la dépense d'un aliéné, on s'adresserait d'abord à l'hôpital sur lequel pèserait l'obligation de subvenir à cet entretien; que ce ne serait que quand il s'agirait d'un entretien auquel il ne serait pas fait face par ce moyen, qu'on pourrait exercer un recours contre la commune.

« C'est ainsi que nous avons essayé de résoudre les diverses questions soulevées à l'occasion de l'art. 27. Il nous a paru que les termes de l'article étaient suffisants. A la vérité, ils n'entrent pas dans tous les détails de tous les procès, de toutes les contestations qui pourraient s'élever à son occasion; mais la loi ne peut pas entrer dans des détails si minutieux. »

M. le Rapporteur s'est ensuite attaché à démontrer que l'amendement proposé ne devait pas être adopté, parce qu'il ne résolvait aucune des questions proposées.

(1) Voyez les notes précédentes.

(2) Cet article semble en contradiction avec l'art. 14. Cependant il est facile de les concilier, car l'art. 14 s'applique au cas de placement volontaire, au lieu que l'art. 29 est fait pour tous les cas, alors même que le malade est retenu, et pour quelque cause qu'il le soit, par l'administration.

(3) La question de savoir à quel Tribunal la demande serait faite n'était pas résolue par le projet. Elle fut soulevée dans le sein de la Chambre des Députés, et, après un court débat, le Tribunal du domicile fut préféré.

Mais ce système n'a point prévalu devant la Chambre des Pairs, et les raisons sur lesquelles elle s'est fondée pour attribuer la demande au Tribunal de la situation de l'établissement ont été admises.

M. Vivien, dans son rapport du 5 juin 1838, a ainsi expliqué les motifs de ces variations :

« Pour préférer le Tribunal du domicile, on avait considéré qu'une instance judiciaire dans laquelle on devait juger si une personne était privée accidentellement des lumières de l'intelligence et pouvait, à ce titre, perdre la liberté, affectait l'état civil; que les juges du domicile seraient plus à portée que tous les autres de connaître la situation de famille, les antécédents, l'état moral et domestique de la personne objet du procès, et de celle qui aurait fait effectuer le placement, et que, quant à la vérification de l'état intellectuel au moment du procès, elle était principalement du ressort des hommes de l'art qui pouvaient être également délégués par tout Tribunal. Malgré ces considérations, le nouveau projet attribue juridiction au Tribunal de la situation de l'établissement. Il a paru qu'on devait surtout s'attacher à la nécessité de constater l'état actuel de la personne admise dans l'établissement; qu'il y aurait lieu à des interrogatoires, à des transports de juges, et que, dès lors, il convenait de s'adresser au Tribunal le plus rapproché du lieu où se trouverait cette personne. Nous reconnaissons l'importance pratique de ces raisons. Chacune des deux juridictions entre lesquelles il faut choisir, présente les avantages et les inconvénients. L'essentiel est que la loi soit claire et précise, et que le Tribunal compétent soit expressément désigné; la sagesse des magistrats fera le reste, et nous n'élevons aucune objection sérieuse contre la proposition du dernier projet. »

On a dit que la disposition de cet article établissait un conflit perpétuel entre l'autorité judiciaire et l'autorité administrative, conflit résultant du rapprochement de cet article avec l'art. 18. En effet, à côté du pouvoir attribué

le placement, et le procureur du Roi, d'office pourront se pourvoir aux mêmes fins.

Dans le cas d'interdiction, cette demande ne pourra être formée que par le tuteur de l'interdit.

La décision sera rendue, sur simple requête, en chambre du Conseil et sans délai; elle ne sera point motivée (1).

La requête, le jugement et les autres actes auxquels la réclamation pour-

---

au Préfet par l'art. 18, s'élève le pouvoir du Tribunal qui peut briser ce qu'aura fait le premier; celui-ci à son tour peut prendre les mesures qu'il a déjà prises, et ce conflit peut se prolonger ainsi sans issue entre ces deux autorités, si elles persistent.

Ces objections ont été réfutées. « Sans doute, a dit M. le Ministre de l'Intérieur, si, postérieurement à la décision de l'autorité judiciaire qui a prononcé la mise en liberté d'un individu détenu pour aliénation mentale, il intervient de nouveaux faits qui motivent cette mesure, l'Administration aura le droit de faire arrêter de nouveau cet individu, d'agir de nouveau sur sa personne suivant les règles de la loi. Mais s'il n'intervient pas de nouveaux faits, sa liberté, que les Tribunaux ont proclamée, restera à l'abri de toute atteinte, sans que le Préfet ait le droit de défaire un jugement sous prétexte d'aliénation mentale. Ce seraient là de véritables lettres de cachet. »

On a fait valoir ensuite les garanties qui entourent la liberté individuelle de chaque citoyen, la surveillance imposée à tous les magistrats sur les établissements d'aliénés, le droit qu'a tout citoyen de dénoncer un fait de détention arbitraire, et l'obligation imposée à tout magistrat de faire droit à la dénonciation lorsqu'un fait est signalé.

Il faut l'avouer, cette réfutation n'a qu'une force morale et relative : en droit, elle est impuissante, puisque la violation de la chose jugée reste possible. Mais il était difficile de concilier autrement ce qu'exige la sûreté publique avec ce qu'on doit à la liberté individuelle, et l'on doit convenir que l'on a fait pour celle-ci tout ce qui était possible. Il est peu probable qu'avec les garanties dont on l'a environnée, la responsabilité de l'autorité administrative soit jamais sérieusement engagée.

La question a été examinée encore sous une autre face. On a dit que l'article posait un principe contraire à l'ensemble de notre législation; qu'il y avait un acte discrétionnaire de l'autorité administrative soumis aux Tribunaux. « Je crois, a dit M. le duc de Broglie, qu'ordinairement, toutes les fois que l'autorité administrative est appelée à intervenir discrétionnairement, sous sa responsabilité, s'il arrive un conflit entre la décision de l'autorité discrétionnaire administrative et le Tribunal, c'est le Tribunal qui s'arrête, et c'est l'Administration supérieure qui a la mission d'en juger. »

On a répondu qu'il n'y avait point innovation quant au principe, puisque tout le monde est d'accord que la décision discrétionnaire de l'autorité administrative devait être soumise à un contrôle. Or, en matière de liberté individuelle, il n'y a, il ne peut y avoir qu'un seul recours, la justice du pays, parce qu'elle seule lui offre une véritable garantie. Ce principe est proclamé, en matière criminelle, dans toutes les pages de nos Codes.

On a cité la loi électorale, le cas où l'autorité administrative fait arrêter un individu en flagrant délit, et l'on a fait remarquer que, dans ces hypothèses, l'acte administratif était jugé par l'autorité judiciaire. Enfin, on a soutenu qu'il y avait impossibilité de trouver un autre moyen efficace de garantie pour la liberté des citoyens.

Tout en reconnaissant cela, M. de Broglie a répliqué que le système du projet lui paraissait une innovation considérable; qu'elle devait être pesée afin qu'il fût certain, s'il n'y avait pas possibilité d'en trouver un meilleur, que c'est devant le système qu'on a reculé et qu'il fallait que l'on ne pensât pas à l'avenir invoquer le précédent qu'on était dans la nécessité de consacrer, quand il y aurait d'autres moyens de faire face à la question qu'on aurait à résoudre.

Il a établi ensuite que, jusqu'alors, la question de la disposition des fous qui compromettent l'ordre public, était une question judiciaire, en ce sens, qu'en droit, c'étaient les Tribunaux qui décidaient de leur sort avec toutes les formes de la justice sur l'interdiction. « Or, a-t-il dit, du moment qu'on entend faire de la disposition des fous une question administrative, il y a assurément une grande innovation. »

(1) Cette décision peut-elle être attaquée? Par quelles personnes? Dans quelle forme?

Telles sont les questions que fait naître le texte de cette disposition, sans les résoudre.

Il résulte, toutefois, d'une longue discussion qui a eu lieu à la Chambre des Députés, et que nous nous abstenons de rapporter, que

rait donner lieu, seront visés pour timbre et enregistrés en débet (1).

Aucunes requêtes, aucunes réclamations adressées, soit à l'autorité judiciaire, soit à l'autorité administrative, ne pourront être supprimées ou retenues par les chefs d'établissements, sous les peines portées au titre III ci-après (2).

30. Les chefs, directeurs ou préposés responsables, ne pourront, sous les peines portées par l'article 120 du Code pénal, retenir une personne placée dans un établissement d'aliénés, dès que sa sortie aura été ordonnée par le Préfet, aux termes des articles 16, 20 et 23, ou par le Tribunal, aux termes de l'article 29, ni lorsque cette personne se trouvera dans les cas énoncés aux articles 13 et 14.

31. Les Commissions administratives ou de surveillance des hospices ou établissements publics d'aliénés exerceront, à l'égard des personnes non interdites qui y seront placées, les fonctions d'administrateurs provisoires. Elles désigneront un de leurs membres pour les remplir (3) :

---

la décision peut être attaquée, — par le requérant, — par appel, — dans les formes et délais voulus par le Code de procédure civile.

Dans aucun cas, la procédure ne peut être publique.

(1) Cette disposition regarde les aliénés pauvres. On a pensé qu'il serait injuste de les forcer de faire l'avance des frais nécessaires pour sortir de l'établissement où ils seront retenus. S'ils font admettre leurs réclamations, ils ne doivent point les supporter; mais s'ils sont déboutés, ils restent débiteurs envers la régie des frais de tous les actes auxquels leur demande aura pu donner lieu.

(2) Voyez l'art. 41.

(3) M. le Rapporteur de la Commission de la Chambre des Pairs a expliqué la nature de cette administration. « Elle sera analogue, a-t-il dit, à la tutelle qui est conférée à ces mêmes Commissions par la loi du 15 pluviôse an XIII, relativement aux enfants trouvés. Cette tutelle est confiée aux membres de ces Commissions, mais ils ne sont pas soumis à l'hypothèque légale; le receveur de l'hospice est délégué pour recevoir les revenus. Lui seul est responsable sur son cautionnement de tout ce qui touche à la manutention des deniers.

« Comme l'a dit mon honorable et savant ami, M. le comte de Portalis, dans les hospices publics, il n'y a, le plus souvent, que des indigents; quelques établissements départementaux et Charenton contiennent cependant des aliénés appartenant à des familles aisées. Aussi la loi a-t-elle eu soin de prescrire des règles spéciales pour le cas où un individu riche ou aisé se trouverait placé dans un établissement de cette catégorie; la Commission de surveillance a le droit de se décharger de l'administration provisoire, en demandant au Tribunal civil de nommer quelqu'un pour l'exercer.

« Une faculté corrélative est réservée aux familles, lorsqu'elles pensent qu'il est dans leur intérêt d'avoir un administrateur spécial. Elles ont le droit d'en réclamer la nomination, même lorsque l'aliéné est placé dans un établissement public. Ainsi, il n'y aura jamais de gestion obligée pour les administrateurs des hospices, et jamais cette gestion ne pourra être imposée aux familles contre leur volonté; cela résulte clairement du dernier paragraphe de l'article et du dernier paragraphe du suivant... L'administration consacre une partie de la somme provenant des droits de l'aliéné à son soulagement, et garde l'autre en réserve pour la lui rendre intégralement, s'il guérit. Elle ne se rembourse des frais de sa pension sur ce pécule, qu'autant que l'aliéné vient à décéder. »

Lors de la discussion de l'art. 32, M. le duc de Broglie a demandé une explication sur l'espèce de contradiction qui, selon lui, existait entre l'article actuel dans la disposition qui rend l'administration provisoire des aliénés nécessaire dans les hospices ou établissements publics, et celle de l'art. 32, qui laisse la nomination de l'administrateur provisoire facultative.

« Il y aura donc, a dit l'orateur, des indigents aliénés soumis à l'administration provisoire, et d'autres qui n'y seront soumis qu'autant que quelqu'un le requerra. Il y aura ainsi, pour la même nature de maladie et de personnes, deux traitements parfaitement différents. »

M. le Ministre de l'Intérieur a répondu : « L'art. 31 est en effet trop absolu dans sa rédaction; car, pour nous, nous avons toujours cru que l'art. 31 donnait une faculté tout aussi bien que l'art. 32. Peut-être avons-nous

[illegible] ainsi désigné, procé[illegible] recouvrement des sommes [illegible] personne placée dans l'établisse[illegible] l'acquittement de ses dettes; [illegible] des baux qui ne pourront excéder [illegible], et pourra même, en vertu d'une [illegible] accordée par le président du Tribunal civil, faire vendre le mobilier.

Les sommes provenant, soit de la vente, soit des autres recouvrements, seront versées directement dans la caisse de l'établissement, et seront employées, s'il y a lieu, au profit de la personne placée dans l'établissement (2).

Le cautionnement du receveur sera affecté à la garantie desdits deniers, par privilége aux créances de toute autre nature (3).

Néanmoins les parents, l'époux ou l'épouse des personnes placées dans des établissements d'aliénés dirigés ou

---

eu tort dans la rédaction; mais notre pensée était d'accord avec celle émise hier par le Garde des Sceaux, avec celle indiquée par moi-même. Nous étions d'accord sur ce point, que l'art. 31 donnait une faculté comme l'art. 32. Ainsi nous répondons que nous avons voulu, dans tous les cas, établir seulement une faculté. »

Néanmoins, la rédaction n'a pas été modifiée, et telle qu'elle est restée dans la loi, elle doit faire écarter l'interprétation que lui a donnée le Ministre de l'Intérieur. C'est là, d'ailleurs, ce qui a été reconnu à la Chambre des Pairs par M. le Garde des Sceaux, et sanctionné par le silence de la Chambre des Députés, malgré la provocation de M. le Ministre de l'Intérieur.

« Nous repoussons l'administration provisoire obligatoire dans les établissements privés, disait M. le Garde des Sceaux sur l'art. 32. S'il y avait quelque chose à faire et à modifier, ce serait plutôt dans l'art. 31 où il conviendrait de la rendre facultative. Dans cet article, la faculté serait suffisante; car si la famille n'agit pas, nous laissons au ministère public le droit d'intervenir. Ainsi nous repousserons l'amendement de l'art. 32. » (Cet amendement tendait à rendre obligatoire l'administration provisoire. Voyez la note sur l'art. 32.)

« S'il était vrai, disait le Ministre de l'Intérieur à la Chambre des Députés, que la rédaction (de l'art. 31) ne fût pas d'accord avec notre pensée, il n'appartiendrait pas à la Chambre des Pairs, qui a voté l'article 31 de l'amendement, de le mieux exprimer; ce serait à une autre Chambre à le faire.

« La Chambre des Députés n'a fait aucun changement dans ce sens à l'article. La question n'a pas même été soulevée, et la Chambre des Pairs, ressaisie du projet, l'a adopté sans modification aucune.

« Ce silence, fût-il un oubli, laisse à la disposition sa signification littérale. »

(1) Il y avait dans le projet *fera* le recouvrement, et M. Schonen a proposé de dire *procédera* au recouvrement. Voici comment il a expliqué la différence de ces deux termes et le sens qu'il attachait au second. « Je désire, a-t-il dit, que l'administrateur ne soit pas mis en contact avec les deniers appartenant à l'aliéné. Aussitôt que la main d'un homme touche des deniers, il faut qu'il en rende compte. C'est ce qui a fait que la célèbre ordonnance du 14 septembre 1822 a soigneusement distingué les fonctions des ordonnateurs de celles des comptables. » Et proposant ensuite de dire: seront versées *directement* dans la caisse, etc., au lieu de seront versées dans la caisse, il a ajouté: « De cette manière, il ne pourra pas être détourné de fonds. »

M. le Chancelier. « La Commission et le Gouvernement adhérent. »

(2) La disposition finale du deuxième paragraphe *et seront employés, s'il y a lieu*, etc., a été ajoutée par la Chambre des Pairs.

Lorsque la proposition en fut présentée, M. le comte de Bastard dit que peut-être il y avait une observation à faire, c'est que les sommes provenant des ventes et des recouvrements pourraient fort bien être remises à la famille de l'aliéné; qu'il fallait aussi penser à la femme et aux enfants; que c'est l'administrateur provisoire qui doit juger de ce qu'on peut faire de ces derniers.

L'auteur de l'amendement fit observer que tel était le sens de la disposition qu'il proposait.

(3) M. le président de la Chambre des Députés a fait observer que si on donne le droit de préférence pour les deniers déposés, c'est que le receveur de l'hospice n'est pas le débiteur du Trésor public, et que, par conséquent, cela ne porte pas atteinte au privilége du Trésor.

surveillés par des Commissions administratives, ces Commissions elles-mêmes, ainsi que le procureur du Roi, pourront toujours recourir aux dispositions des articles suivants.

32. Sur la demande des parents, de l'époux ou de l'épouse, sur celle de la Commission administrative ou sur la provocation, d'office, du procureur du Roi, le Tribunal civil du lieu [illegible] l'article [illegible] en chambre du [illegible] tration provisoire [illegible] personne non interdite [illegible] établissement d'aliénés. Cette nomination n'aura lieu qu'après délibération du Conseil de famille, et sur les conclusions du procureur du Roi. Elle ne sera pas sujette à l'appel (1).

---

(1) M. le comte Portalis a proposé à la Chambre des Pairs un amendement qui portait : « Cette nomination devra être faite dans « les trois mois qui suivront l'entrée de l'aliéné « dans l'établissement. » La pensée qui a présidé à sa rédaction était de garantir légalement et uniformément la liberté individuelle de toute atteinte.

Cet amendement a été écarté après de vifs débats.

M. Girod (de l'Ain) a résumé avec beaucoup de clarté les objections faites contre la proposition et les arguments qui militaient en sa faveur.

« L'honorable préopinant (M. le comte Portalis), a-t-il dit, tout en convenant que la proposition de la Commission, de laisser seulement facultative la nomination de l'administrateur provisoire, n'est pas en opposition formelle avec le Code civil, prétend que ce système place les aliénés dans une situation où ils rencontrent moins de garanties que dans l'état actuel, et parce qu'il convient de suppléer à cette insuffisance en rendant obligatoire la nomination de l'administrateur provisoire.

« C'est sous ce point de vue que je demande la permission d'examiner l'amendement proposé par l'honorable préopinant. Je dirai d'abord qu'il ne me semble pas que la disposition générale du projet dépouille les malheureux, dont nous nous occupons, de quelques garanties que la législation actuelle leur aurait assurées. Quelles sont donc ces garanties? Il n'est pas facile de les rencontrer, et si nous les trouvons, ce n'est que dans la loi que nous discutons, et non pas dans la législation actuelle. En effet, que dit le Code civil? Il dit que tout individu qui serait dans un état *habituel* d'insensibilité (habituel, ne perdez pas de vue ce caractère), démence ou fureur, devra être interdit, et puis il charge le procureur du Roi de provoquer l'interdiction des individus qui, en raison de leur fureur, compromettraient la sûreté publique, et qu'il faudrait séquestrer. Du reste, point d'obligation de provoquer l'interdiction en tout autre cas. Aussi qu'arrive-t-il? Il arrive que le nombre des interdictions provoquées, comparé à celui des malheureux frappés d'aliénation mentale, est infiniment petit; et cela seul prouverait peut-être que l'interdiction est plus souvent onéreuse qu'utile.

« Quant aux autres garanties, loin d'en trouver dans la législation actuelle, je vois au contraire, dans les lois générales, l'autorisation donnée à l'Administration, toutes les fois qu'un aliéné peut compromettre la sûreté publique, de s'emparer de lui, de pourvoir à l'urgente nécessité. Nulle part ne se trouve de garantie contre l'exercice de ce droit, je dirai mieux, de ce devoir de l'Administration. Le projet actuel en offre au contraire.

« Il faut reconnaître qu'il ne s'agit pas ici d'une garantie pour la personne de l'aliéné : tout est fait à cet égard; vous avez peut-être dépassé la mesure. Ce n'est pas moi qui m'en plains; je reconnais qu'en cette matière la sollicitude du Législateur doit être poussée jusqu'à l'extrême; mais les difficultés qu'on a fait entrevoir ne sont pas moins sérieusement graves. Je désire, comme un des honorables préopinants, qu'on ne tire aucune conséquence du précédent que nous créons, qu'il se borne à la loi dans laquelle la disposition dérogatoire se trouve. Si on l'étendait plus loin, il pourrait causer de grands embarras à l'administration du pays.

« Laissons de côté ces considérations; reconnaissons que les garanties données à la personne de l'aliéné sont aussi complètes que le scrupule le plus méticuleux peut le désirer. Il ne s'agit ici que des biens de l'aliéné, que des mesures préservatrices à prendre relativement à ces biens.

« La loi y pourvoit-elle suffisamment en ne représentant que comme une faculté ce que l'auteur de l'amendement veut convertir en une obligation? La faculté, selon moi, suffit. D'abord, une grande partie des aliénés placés

33. Le Tribunal, sur la demande de l'administrateur provisoire, ou à la diligence du procureur du Roi, désignera un mandataire spécial à l'effet de représenter en justice tout individu non interdit et placé ou retenu dans un établissement d'aliénés, qui serait engagé dans une contestation judiciaire au moment du placement, ou contre lequel une action serait intentée postérieurement.

Le Tribunal pourra aussi, dans le cas d'urgence, désigner un mandataire spécial à l'effet d'intenter, au nom des mêmes individus, une action mobilière ou immobilière. L'administrateur provisoire pourra, dans les deux cas, être désigné pour mandataire spécial (1).

34. Les dispositions du Code civil, sur les causes qui dispensent de la tutelle, sur les incapacités, les exclusions ou les destitutions des tuteurs, sont applicables aux administrateurs provisoires nommés par le Tribunal.

Sur la demande des parties intéressées, ou sur celle du procureur du Roi, le jugement qui nommera l'administrateur provisoire pourra en même temps constituer sur ses biens une hypothèque générale ou spéciale, jusqu'à concurrence d'une somme déterminée par ledit jugement.

Le procureur du Roi devra, dans le délai de quinzaine, faire inscrire cette hypothèque au bureau de la conservation : elle ne datera que du jour de l'inscription (2).

35. Dans le cas où un administrateur

---

dans les établissements n'a pas de biens, ou en a très-peu.

« L'Administration ne peut avoir d'objet qu'à l'égard de la personne, et non à l'égard des biens. Ce n'est pas sans frais que l'on arriverait à cette administration provisoire. Les formalités voulues par l'article même, pour l'exercice de la faculté, exigeront des frais plus ou moins considérables dont il faut prendre garde de surcharger les départements, Communes, hospices, ou même les familles; on n'y trouverait pas un avantage qui pût compenser la charge. Quant à ceux qui ont des biens, est-ce que le système de la loi n'y pourvoit pas? Non-seulement l'époux, l'épouse, la famille, mais le procureur du Roi, à leur défaut, agira d'office toutes les fois que la sollicitude sera éveillée; elle le sera comme dans beaucoup d'autres circonstances où il agit d'office. Toutes les fois que le procureur du Roi saura qu'un individu qui a des biens, à l'égard desquels il est d'obligation de prendre des mesures d'administration, est dans un établissement, il provoque l'administration provisoire. Ce qui n'est que faculté sera, pour le procureur du Roi, une obligation aussi impérieuse que si elle était écrite. Dans tous les autres cas, cette obligation serait superflue d'abord, dangereuse peut-être, parce qu'elle constituerait, soit l'établissement, soit les familles, dans des frais frustratoires; dangereuse sous le rapport médical. Je n'insisterai pas sur ce dernier point, la Chambre sait précisément que, dans le commencement de l'aliénation (et l'état de la science ne permet pas de fixer la durée de ce temps d'épreuves, soit sous le rapport des justes susceptibilités des familles, soit sous le rapport de l'intérêt de l'aliéné lui-même, soit sous l'intéret de l'espoir de guérison qu'on peut conserver), il importe de ne pas multiplier les formalités de procédure; ce qui importe surtout, c'est de guérir la personne malade si elle en est susceptible.

« Par tous ces motifs, je persiste à demander que la nomination de l'administration provisoire soit facultative, comme la Commission le propose, et ne devienne jamais obligatoire. »

On a demandé à la Chambre des Députés comment et par qui seraient faits les actes d'administration des biens des aliénés, lorsqu'ils dépasseraient les pouvoirs de l'administration provisoire.

Il a été répondu par la Commission que, dans ces circonstances, il faudrait provoquer l'interdiction.

Voyez néanmoins l'art. suivant.

(1) Voir les notes sur l'art. 36. Il est néanmoins difficile de concilier ces deux articles ou plutôt de faire disparaître la difficulté soulevée sur l'art. 36.

(2) Le projet soumis à la Chambre des Députés contenait, au lieu des deuxième et troisième paragraphes, une disposition ainsi conçue :

« Seront également applicables aux admi-

provisoire aura été nommé par jugement, les significations à faire à la personne placée dans un établissement d'aliénés seront faites à cet administrateur.

Les significations faites au domicile, pourront, suivant les circonstances, être annulées par les Tribunaux.

Il n'est point dérogé aux dispositions de l'art. 173 du Code de commerce (1).

36. A défaut d'administrateur provi-

« nistrateurs désignés par le Tribunal, en « vertu de l'art. 28 (32 de la loi), les dis« positions du même code, relatives à l'hy« pothèque légale des mineurs ou interdits « sur les biens de leurs tuteurs. »

La Chambre la rejeta. Elle ne voulut pas, comme le disait M. Barthélemy dans son rapport du 22 mai, créer une nouvelle classe d'hypothèque légale, et compromettre l'intérêt des tiers en la faisant résulter d'une nomination faite sans publicité.

« Mais, disait le savant Rapporteur, si votre Commission approuve les motifs de cette détermination, elle ne peut en adopter entièrement les conséquences. Dans l'état actuel des choses, rien ne protégerait plus les intérêts de l'aliéné. Nous vous proposons de suppléer à ce défaut absolu de garantie, non en rétablissant l'hypothèque légale et en la faisant inscrire, mais par une disposition, nouvelle sans doute dans notre droit, mais qui paraît à votre Commission concilier parfaitement tous les intérêts. »

Cette disposition est celle des paragraphes 2 et 3 de cet article. Elle fut adoptée par la Chambre des Pairs, et la Commission de la Chambre des Députés a conclu à ce qu'elle fût conservée.

(1) Le projet et la Commission exigeaient une triple signification, savoir : au domicile de l'aliéné, au domicile de l'administrateur provisoire, ou, à défaut, à la personne du chef de l'établissement et au procureur du Roi.

Cette disposition a été rejetée, par la raison que l'intérêt des tiers pourrait se trouver très-souvent sacrifié à celui des aliénés. On a pensé qu'il devait concilier à la fois ces intérêts divers.

Le paragraphe 1er a été présenté dans ce but. La Commission a pensé qu'il conciliait dans une mesure raisonnable les divers intérêts qu'il s'agissait de mettre en harmonie.

Mais la disposition ne regarde que les aliénés pourvus d'un administrateur provisoire. Comment alors devront être faites les significations adressées aux aliénés auxquels il n'aura pas été nommé d'administrateur provisoire ? M. le Rapporteur a dit que, quant à eux, il était vrai que les significations seraient faites dans la forme ordinaire et ne faisaient l'objet d'aucune précaution spéciale ; mais qu'exiger que les significations fussent faites dans ce cas à certaines personnes désignées par la loi, ce serait exposer les tiers, car le placement, dans une maison d'aliénés, n'est accompagné d'aucune forme judiciaire ; que, par conséquent, il s'opère sans aucune publicité, et les tiers ne pourraient pas en être informés ; que, d'ailleurs, les aliénés auxquels on négligerait de faire nommer un administrateur provisoire n'auraient généralement aucun intérêt à défendre ; qu'étant sans fortune, il n'y aurait pas à craindre que des tiers eussent recours à des procédures de mauvaise foi pour porter atteinte à leurs droits ; qu'ainsi il suffisait de s'occuper du premier cas.

La Chambre des Députés s'était arrêtée au premier paragraphe, la Chambre des Pairs a ajouté les deuxième et troisième. Le dernier rapport de M. le marquis Barthélemy fait comprendre le sens et la portée de cette addition. On y lit :

« D'après le projet actuel, l'aliéné sera assigné, conformément aux règles ordinaires du Code de procédure ; seulement, lorsqu'un administrateur provisoire aura été nommé par jugement, les significations devront être faites à cet administrateur.

« Cette disposition n'est pas à l'abri d'inconvénients graves et de critiques fondées. La nomination de l'administrateur provisoire étant faite dans la Chambre du Conseil, sans publicité, il peut paraître injuste d'exiger que les tiers soient instruits d'un fait dont, légalement parlant, ils n'ont point connaissance. On ne peut faire retomber sur eux les conséquences d'un secret gardé dans l'intérêt de l'aliéné ou de sa famille. C'est à l'administrateur provisoire à prendre ses mesures pour que les actes signifiés au domicile de l'aliéné lui soient transmis ; et, si celui-ci n'a plus de domicile, le procureur du Roi doit faire parvenir à l'administrateur les significations remises à son parquet.

« Ces objections sont puissantes : on peut répondre cependant que l'art. 35 n'exigeant pas que les significations soient faites à l'administrateur, sous peine de nullité, les exploits faits au domicile de l'aliéné pourront

soire, le Président, à la requête de la partie la plus diligente, commettra un notaire pour représenter les personnes non interdites placées dans les établissements d'aliénés, dans les inventaires, comptes, partages et liquidations dans lesquelles elles seraient intéressées (1).

être déclarés valables, à moins qu'ils ne soient entachés de mauvaise foi. Telle est la jurisprudence de la Cour de Cassation, que nous vous proposons de confirmer d'une manière explicite, dans le cas qui nous occupe, par une disposition spéciale qui serait introduite dans l'article. Dès lors, une partie des inconvénients signalés disparaît, et on a pourvu à ce qu'il ne fût point abusé de l'état des malheureux aliénés, et de leur absence involontaire et le plus souvent bien connue, pour leur faire à domicile, dans des vues frauduleuses, des significations dont les conséquences pourraient être désastreuses pour eux.

(1) La Commission proposait de déclarer que la désignation du notaire aurait lieu, soit qu'il y eût un administrateur provisoire, soit qu'il n'y en eût pas.

Ce système était basé sur l'analogie que la Commission trouvait entre les cas qu'elle voulait prévoir et les dispositions du Code civil relatives à la présomption d'absence. En fait, elle pensait que les capacités suffisantes pour remplir les fonctions d'administrateur provisoire pourraient souvent se trouver en défaut pour figurer dans une liquidation ou un partage.

Mais la Chambre a craint que toutes ces formalités n'entraînassent des frais trop considérables.

« De deux choses l'une, a-t-on dit, ou le partage offrira des difficultés, et alors il ne sera pas besoin d'un notaire, mais bien des conseils d'hommes de loi; ou le partage sera simple et facile, et alors l'administrateur provisoire peut suffire et représenter convenablement celui dont il administre les biens. »

Ces considérations ont prévalu, et le système de la Commission a été rejeté.

Des termes de cet article il résulte bien que, lorsqu'il y aura un administrateur, il aura capacité pour représenter l'aliéné dans les inventaires, partages et liquidations. Or, il me semble que cette disposition n'est pas en harmonie avec l'art. 32; car, avant d'arriver à l'inventaire, au partage, etc., s'il s'agit des biens d'une succession, il y a un acte préliminaire et indispensable, l'acceptation de la succession. Cet acte dépasse évidemment les pouvoirs de l'administrateur provisoire; et en effet, lors de la discussion de l'art. 32, il a été reconnu que l'administrateur provisoire aurait seulement les pouvoirs accordés, d'après le Code civil et d'après la jurisprudence, à l'administrateur provisoire nommé dans le cours d'une procédure en interdiction; or les pouvoirs de cet administrateur ne vont pas jusqu'à accepter ou répudier valablement une succession. Cette question, d'ailleurs, a été soulevée lors de la discussion de l'art. 32, et on a décidé qu'il faudrait provoquer l'interdiction de l'aliéné, puisque son tuteur seul aurait capacité pour accepter ou répudier. Voici les termes mêmes de la question posée par M. Jobard : « Une succession, disait l'orateur, échoit à un individu placé dans un établissement public ou dans un établissement privé; cette succession, on ne peut, sans un grand préjudice pour les intérêts de l'aliéné, la laisser à l'abandon. D'un autre côté, il est possible que les créanciers forcent l'aliéné à prendre qualité, à se prononcer d'une manière ou d'une autre; je demanderai au nom de qui sera exercée la faculté d'accepter ou de répudier la succession; et, si l'on accepte, comment l'acceptation aura lieu. »

Cette question, et une autre analogue, par laquelle l'orateur demandait quelle serait l'étendue des pouvoirs de l'administrateur provisoire, dans le cas où l'aliéné, propriétaire d'un immeuble ayant besoin de réparations urgentes et indispensables, l'administrateur ne trouverait dans le mobilier aucune ressource pour y faire face, reçurent la même réponse qu'il faudrait faire nommer un tuteur.

Or, il semble résulter des termes de l'article une décision toute contraire; son texte n'avait en effet admis que la succession aura été acceptée sans que l'interdiction ait été prononcée.

Cette interdiction a été signalée à la Chambre. L'orateur l'a très-bien démontrée en provoquant une solution. « Si la succession, a-t-il dit, ne peut pas être acceptée par l'administrateur provisoire, votre article devient inutile, puisqu'il règle uniquement les conséquences d'une acceptation qui n'aura pas pu avoir lieu. Si, au contraire, vous admettez maintenant ce que vous refusiez tout à l'heure, que l'administrateur provisoire puisse accepter la succession dévolue à un

37. Les pouvoirs conférés en vertu des articles précédents cesseront de plein droit dès que la personne placée dans un établissement d'aliénés n'y sera plus retenue (1).

Les pouvoirs conférés par le Tribunal en vertu de l'art. 32 cesseront de plein droit à l'expiration d'un délai de trois ans : ils pourront être renouvelés (2).

Cette disposition n'est pas applicable aux administrateurs provisoires qui seront donnés aux personnes entretenues par l'administration dans des établissements privés.

38. Sur la demande de l'intéressé, de l'un de ses parents, de l'époux ou de l'épouse, d'un ami, ou sur la provocation, d'office, du procureur du Roi, le Tribunal pou[illegible] bre de Conseil, p[illegible] ceptible d'appel, en[illegible] nistrateur provisoire, un [illegible] personne de tout individu non [illegible] placé dans un établissement d'alié[illegible] lequel devra veiller, 1° à ce que [illegible] revenus soient employés à adoucir son sort et à accélérer sa guérison ; 2° à ce que ledit individu soit rendu au libre exercice de ses droits aussitôt que sa situation le permettra.

Ce curateur ne pourra pas être choisi parmi les héritiers présomptifs de la personne placée dans un établissement d'aliénés (3).

39. Les actes faits par une personne placée dans un établissement d'aliénés,

---

aliéné, comment, je vous le demande, et sous quelle condition pourra-t-il faire cette acceptation ? Pourra-t-il la faire sans y être autorisé par le Conseil de famille, auquel cas il aurait des droits plus étendus que le tuteur définitivement nommé à l'interdit ? Pourra-t-il l'accepter purement et simplement, ou ne le pourra-t-il que sous bénéfice d'inventaire ? Vous êtes, de tous côtés, dans un véritable chaos, dont vous semblez prendre plaisir à ne pas vouloir sortir. »

Ces interpellations sont restées sans réponse ; l'article a été immédiatement voté.

Je crois que la disposition ne doit être appliquée qu'aux cas où il ne s'agirait pas de succession, ou lorsque la succession aurait été acceptée par l'aliéné lui-même avant sa maladie. Les fonctions de l'administrateur provisoire sont déterminées par celles mêmes que le notaire, nommé à son défaut, aurait pouvoir de remplir ; elles ne peuvent s'étendre au delà. L'administrateur pourrait toutefois, sans acceptation formelle, procéder au partage si ses cointéressés *sui juris* consentent à courir les chances de la nullité que demanderait l'aliéné après sa guérison. Mais il est douteux que l'administrateur veuille ainsi compromettre sa responsabilité.

(1) L'aliéné peut sortir de l'établissement avant d'avoir recouvré entièrement l'usage de sa raison. Sera-t-il abandonné à lui-même ? La loi aurait dû, peut être, le garantir contre les captations dont il pourra être assiégé dans cet état ; elle aurait dû, peut-être à cet effet, continuer les pouvoirs de son administrateur provisoire jusqu'à la constatation d'une guérison parfaite ; mais une fois affranchi de sa tutelle, l'aliéné devait rentrer dans la société, maître de ses actions et entièrement libre ; d'ailleurs, prolonger indéfiniment l'administration provisoire, c'était rendre la charge trop pénible et s'exposer à ne trouver personne qui voulût la supporter ; il eût été difficile de déterminer le moment d'une guérison radicale ; enfin, les actes faits par l'aliéné hors de l'établissement pouvaient toujours être attaqués par lui ou ses héritiers en prouvant l'aliénation lors du contrat d'après le droit commun pour défaut de consentement.

(2) Ce paragraphe doit être entendu dans le sens du premier ; c'est-à-dire que si avant l'expiration du délai de trois ans, le malade vient à sortir de l'établissement, les pouvoirs de l'administrateur provisoire cessent sans pouvoir être renouvelés.

(3) De la combinaison de cet article avec l'art. 33, il résulte que l'aliéné peut avoir en même temps un administrateur provisoire, un mandataire spécial et un curateur. Cependant, les Tribunaux devront faire en sorte qu'il n'y ait que deux personnes, l'administrateur et le curateur ; néanmoins, si les deux premières charges avaient été données à deux personnes différentes, et que postérieurement il y eût lieu à la nomination d'un curateur, je doute que l'un des deux premiers administrateurs pût être nommé ; l'art. 38 ne s'explique pas à cet égard comme l'art. 33 à l'égard de l'administration et du

pendant le temps qu'elle y aura été retenue, sans que son interdiction ait été prononcée ni revoquée, pourront être attaqués pour cause de démence, conformément à l'article 1304 du Code civil.

Les dix ans de l'action en nullité courront, à l'égard de la personne retenue qui aura souscrit les actes, à dater de la signification qui lui en aura été faite, ou de la connaissance qu'elle en aura eue après sa sortie définitive de la maison d'aliénés.

Et, à l'égard de ses héritiers, à dater de la signification qui leur en aura été faite, ou de la connaissance qu'ils en auront eue, depuis la mort de leur auteur.

Lorsque les dix ans auront commencé de courir contre celui-ci, ils continueront de courir contre les héritiers (1).

---

mandat dont peut être chargée une même personne.

On a fait observer à la Chambre des Pairs, que la décision du Tribunal ne serait pas susceptible d'appel.

Le deuxième paragraphe exclut tous les héritiers sans exception aucune, tant les ascendants que les descendants et les collatéraux. Le projet exceptait les ascendants; la Chambre des Députés étendit l'exception aux descendants; la Chambre des Pairs a posé une prohibition absolue, conformément à la loi anglaise.

(1) La Chambre des Pairs, en exigeant, dans l'intérêt de l'aliéné, que la signification de l'acte lui fût faite après sa sortie de l'établissement pour faire courir le délai de l'action en nullité, avait cru pouvoir déroger au droit commun sous un autre rapport dans l'intérêt des tiers et de l'intérêt général des transactions. Elle avait borné à un an la durée de l'action en nullité.

La brièveté de ce délai laissait l'aliéné sans garantie suffisante; on a donc dû revenir au droit commun; mais il a fallu le mettre en harmonie avec la loi nouvelle; aussi, il n'est plus nécessaire, comme sous le Code, que l'interdiction ait été ou provoquée ou prononcée contre une personne aliénée pour que celle-ci ait le droit d'attaquer l'acte qu'elle a souscrit pendant sa maladie.

On proposait de borner l'article au premier paragraphe et de rester ainsi purement et simplement dans l'art. 1304 du Code civil; mais on a pensé que ce serait laisser indécise la question de savoir de quel jour devraient compter les dix ans; qu'il fallait la résoudre et non la renvoyer aux Tribunaux, qui lui donneraient des solutions diverses et occasionneraient ainsi un grand nombre de procès.

Ces raisons ont prévalu. On est convenu que les dix ans courraient à dater du jour de la notification faite à l'aliéné *après sa sortie* de l'établissement. — Que cette notification sera inutile pour faire courir les dix ans. Toutes les fois qu'on aura une preuve par écrit, que l'aliéné, après sa sortie de l'établissement, ou ses héritiers depuis sa mort, auraient eu connaissance de l'acte, dans ce cas, les dix ans prendront cours du jour auquel on pourra établir que cette connaissance a été acquise.

Si, sans être parfaitement guéri, sans avoir recouvré sa raison, un aliéné a été retiré par ses parents de l'établissement où ils l'avaient placé, la notification qui sera faite alors aura-t-elle pour effet de faire courir les dix ans?

Cette question n'a pas reçu à la Chambre une solution directe. On a dit que si la notification a été faite frauduleusement, on fera valoir l'exception de fraude, que les Tribunaux décideront.

On doit s'applaudir de ce que les cas prévus par cet article se présenteront bien rarement. Qui voudrait, en effet, traiter avec des chances pareilles? Il est certain que presque pas un acte ne sera fait par un aliéné dans les circonstances de l'article, sans que son exécution ne soit critiquée par lui ou par ses héritiers, et alors, on ne peut le nier, les juges prononceront arbitrairement, pourront déclarer l'action en nullité prescrite ou non prescrite sans violer la loi; l'article leur laisse toute latitude à cet égard. D'une part, ils pourront décider que, quoique sorti de l'établissement alors que la notification de l'acte attaqué lui a été faite, l'aliéné n'avait point encore recouvré la raison. D'un autre côté, ils pourront juger le contraire.

ARISTE BOUÉ,
Avocat à la Cour royale de Paris.

40. Le ministère public sera entendu dans toutes les affaires qui intéresseront les personnes placées dans un établissement d'aliénés, lors même qu'elles ne seraient pas interdites.

TITRE III. — *Dispositions générales.*

41. Les contraventions aux dispositions des articles 5, 8, 11, 12, du second paragraphe de l'article 13; des articles 15, 17, 20, 21, et du dernier paragraphe de l'article 29 de la présente loi, et aux règlements rendus en vertu de l'article 6, qui seront commises par les chefs, directeurs ou préposés responsables des établissements publics ou privés d'aliénés, et par les médecins employés dans ces établissements, seront punies d'un emprisonnement de cinq jours à un an, et d'une amende de cinquante francs à trois mille francs, ou de l'une ou l'autre de ces peines.

Il pourra être fait application de l'article 463 du Code pénal.

La présente loi, etc.

Paris. — Imprimerie PANCKOUCKE, rue des Poitevins, 14.

www.ingramcontent.com/pod-product-compliance
Ingram Content Group UK Ltd.
Pitfield, Milton Keynes, MK11 3LW, UK
UKHW022151170726
13837UKWH00004B/1918

9 782329 171814